Anna Haebler

TAROT
ATLAS

Karten und Legesysteme auf einen Blick

LUDWIG

DIE HOHEPRIESTERIN

DIE HERRSCHERIN

DER HERRSCHER

KÖNIG DER KELCHE

DER NARR

Inhalt

4 **Einführung**
4 Das Rider-Waite-Tarot
7 Das Tarot-Set

8 **Der Umgang mit den Tarotkarten**

9 **Legebilder**
9 Tageskarte
9 Monatskarte
9 Jahreskarte
10 Persönlichkeits-, Wesens- und Wachstumskarte

11 **Legebeispiele**
11 Legebeispiel 1
11 Legebeispiel 2
12 Legebeispiel 3 (Keltisches Kreuz)

13 **Die vier Elemente**
14 Die Stäbe
15 Die Schwerter
16 Die Münzen
17 Die Kelche

18 **Die Hofkarten**

19 **Die Großen Arkana**

30 **Die Kleinen Arkana**
30 Satz der Stäbe
37 Satz der Schwerter
44 Satz der Münzen
51 Satz der Kelche

58 **Die Großen Arkana im Überblick**

60 **Die Kleinen Arkana im Überblick**

62 **Die wichtigsten Begriffe**

63 **Persönliches Tarot-Tagebuch**

64 **Impressum/Bildnachweis/Literatur**

Einführung

Die Geschichte des Tarot ist so geheimnisvoll wie die Karten selbst. In den späten Tagen des Mittelalters und an der Schwelle zur Neuzeit tauchten sie auf und haben bis heute viele Generationen beeindruckt. Viele Künstler fühlten sich inspiriert von der tiefgründigen Kraft der Motive und haben sich an der symbolträchtigen Darstellung versucht.

Tarot (franz. taro, ital. Tarocchi) ist ein Kartenspiel, über dessen Herkunft und Ursprung wenig bekannt ist. Verschiedene Quellen nehmen an, dass die Karten der Großen Arkana aus Ägypten stammen, andere Hinweise deuten darauf hin, dass Tarot auch in Indien und China bekannt war. Viele sehen eine Verbindung zwischen dem Tarot und der »Kabbala« – der Geheimlehre der jüdischen Mystik – bzw. zwischen den 22 Karten der Großen Arkana im Tarot und den 22 Buchstaben des hebräischen Alphabets. Auch über den Namen Tarot ist immer wieder spekuliert worden, wobei auch hier eine eindeutige Antwort bis heute nicht gefunden wurde. Manche leiten z.B. Tarot von Tora, dem hebräischen Wort für Gesetz, Belehrung, Anweisung ab, andere finden eine Beziehung zu dem ägyptischen Wort Ta-Ro, was so viel bedeutet wie »königlicher Weg«. Relativ gesichert ist, dass etwa seit dem 15. Jahrhundert die ersten Tarot-Spielkarten in Europa unter dem Namen Tarocchi bekannt wurden. Vermutlich wurden die Karten im 14. Jahrhundert durch Zigeuner in Europa verbreitet und als Spiel, aber auch als Orakel (geheime Weissagung) genutzt. Ob es sich dabei um einfache Spielkarten handelte oder um die Tarotkarten, so wie wir sie heute kennen, ist jedoch ungeklärt. Mitte des 15. Jahrhunderts malte der Künstler Benifacio Bempo für die Mailänder Adelsfamilie Visconti die berühmten Visconti-Sforza-Karten, die wahrscheinlich mehr als Spielkarten genutzt wurden und weniger als ein Mittel zur Weissagung. Seither haben viele verschiedene Künstler die Bilder immer wieder verändert.

Die Sonne, eine der Visconti-Sforza-Karten aus dem 15. Jahrhundert.

Das Rider-Waite-Tarot

Der Aufbau eines Tarotspiels ist über die Zeiten hinweg gleich geblieben. Es bestand und besteht aus 78 Karten, die sich folgendermaßen aufteilen:

Kleine Arkana

Vier Farben (auch Serien oder Sätze genannt) zu je 14 Karten entsprechend den heutigen 56 Karten der Kleinen Arkana.

Große Arkana

22 Trumpfkarten entsprechend den heutigen Karten der Großen Arkana.
Die uns heute bekannten und gebräuchlichen Spielkarten entstanden aus den Karten der Kleinen Arkana.
So wurden aus

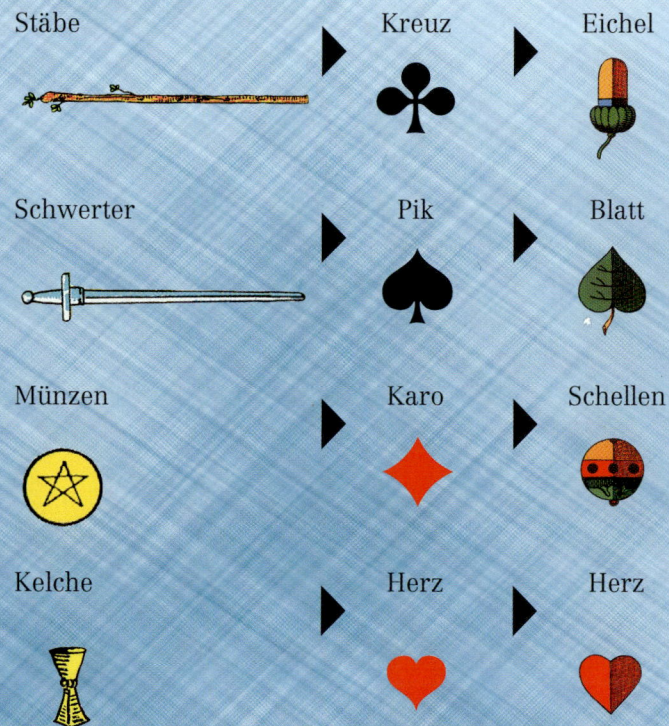

Stäbe	Kreuz	Eichel
Schwerter	Pik	Blatt
Münzen	Karo	Schellen
Kelche	Herz	Herz

Das Tarot-Set

Die Ausführungen in diesem Atlas beziehen sich auf die populären Karten des Autors Arthur Waite und der Künstlerin Pamela Colman Smith, die ca. 1910 von dem Verleger Rider herausgegeben wurden. P.C. Smith belebte die Zahlenkarten mit sehr anschaulichen Figuren und Landschaften, wodurch der Betrachter sehr schnell zu eigenen schöpferischen Inspirationen angeregt wird. Bekannt wurde dieses Kartendeck unter dem Namen »Rider-Waite-Tarot«.

Der praktische Nutzen der Tarotkarten

Verschiedene esoterische und spirituelle Kreise, Logen und Zirkel studierten und erforschten intensiv die Bilder und Symbolik dieser geheimnisvollen Karten sowie deren mythologischen Hintergrund mit dem Ziel, Weisheit und Erleuchtung zu erreichen. In die spekulative Ecke der Wahrsagerei abgedrängt wurde die Beschäftigung mit den Tarotkarten deshalb, da manche esoterischen Gruppen erfolgreich versuchten, den Bildkarten eine magisch-okkulte, übernatürliche Kraft zuzuschreiben, sie vor allem aber mit einer geheimnisvollen Aura zu besetzen, zu deren Deutung nur so genannte besonders Eingeweihte in der Lage waren. Die zunehmende Akzeptanz des Tarot geht auch auf Erkenntnisse der Psychologie zurück, die den Träumen und inneren Bildern ein hohes Maß an Interesse entgegengebracht und damit Entsprechungen von archetypischem Verhalten entschlüsselt hat.
Heute scheint der Umgang mit den Tarotkarten für die meisten Interessierten frei und unkompliziert zu sein. Längst haben sie ihren Weg in die breite Öffentlichkeit gefunden und erfreuen sich größter Beliebtheit.
Neben dem praktischen Lebenshilfeaspekt, dem praktischen Rat für die Fragen des Alltags, der Gegenwart und Zukunft, kann man sie vor allem als mögliche Hilfe auf dem Weg zu mehr Selbsterkenntnis und zu persönlichem Wachstum betrachten.

Was bewirkt Tarot?

Warum die Tarotkarten eine so große Faszination auf die Menschen ausüben und sie zutiefst berühren, lässt sich rational nicht begründen. Tarot ist eine Methode, die mittels der Sprache von Bildern und Symbolen einen Zugang zum Unbewussten eröffnet. Diese beschreiben das Thema, die Qualität, die Eigenschaft und die Bedeutung eines Problems, das in einem bestimmten Moment wirk-

Eine imposante Skulptur von der Sonne hat die Künstlerin Niki de Saint Phalle in ihrem berühmten Tarotgarten bei Capalbio in der Toskana geschaffen.

sam ist. Die Bilder spiegeln einen seelischen Zustand oder eine bestimmte Lebenserfahrung wider und bringen diese an die Oberfläche. Ist man in der Lage, sie in der richtigen Art und Weise zu interpretieren, können die Karten Klarheit in schwierige Situationen bringen, zusätzliche Informationen bieten, zu größerem Verständnis und zu tieferer Einsicht verhelfen. Dabei geht es vor allen Dingen darum, dank der Hinweise, die durch die Bilder eines Tarotspiels oder einer Karte vermittelt werden, falsche, verzerrte Denkweisen, Verhaltensweisen oder Regeln zu entwirren und durch realistische Interpretationen zu ersetzen. Auch können Tarotkarten wertvolle Impulse geben in Phasen der Neuorientierung und Veränderung.

Tarot ist tiefes Wissen und Intuition

»Ein Wort oder ein Bild ist symbolisch, wenn es mehr enthält, als man auf den ersten Blick erkennen kann.« (C.G. Jung)

Grundsätzlich setzt der Umgang mit den Tarotkarten eine intensive Beschäftigung mit Symbolen, Mythologie, Astrologie, Psychologie und verschiedenen Religionen voraus. Erst ein ernsthaftes Studium dieser Themenkreise erschließt uns die tiefe Bedeutung des Tarot. Die folgenden Ausführungen wollen deshalb nicht mehr sein als ein Beispiel dafür, wie man sich der vielfältigen Aussagekraft der Tarotkarten nähern kann. Da die Bilder etwas Lebendiges vermitteln, schließt eine begrenzte Deutung die unendliche Vielfalt und Tiefe aus, in denen die symbolischen Bilder zu uns sprechen. Leider ist in dem Maße, wie unser wissenschaftliches, rationales und materialistisches Verständnis zugenommen hat, den meisten Menschen der Kontakt zu der unbewussten Seite ihres Wesens, zum Reich der Gefühle und damit zur inneren Entwicklung verloren gegangen.

Um das Geheimnis der Tarotbilder zu ergründen, sollten wir uns deshalb Zeit und Muße nehmen und deren Symbole studieren. Wir sollten unserer Intuition und Kreativität freien Lauf lassen und auf eine rationale, intellektuelle Einstellung verzichten.

Je intensiver wir uns mit einem Bild der Tarotkarten beschäftigen, umso deutlicher kommen ganz bestimmte Fragen, Gefühle oder Reaktionen ins Bewusstsein, die in direktem Zusammenhang mit unserer inneren Haltung und dem Thema stehen, das der Karte entspricht. Die Sprache der Bilder ist die Sprache des Herzens, deren Aussage sich nicht auf einen engen Rahmen festlegen lässt. Ihre Botschaft deutet vielmehr auf etwas Unsichtbares, Geheimnsivolles hin, auf etwas, das über den menschlichen Verstand hinausgeht.

Wir sollten also unserer eigenen schöpferischen Intuition freien Lauf lassen und die Deutungen als Ansporn und nicht als letzte Erkenntnis betrachten, die neue Interpretationsmöglichkeiten ausschließen.

Hinweis

Es sei darauf hingewiesen, dass durch eine Tarotbefragung demjenigen, der Fragen stellt, keine Entscheidungen abgenommen werden. Auch sollte sich niemand durch bestimmte Aussagen einem unentrinnbaren Schicksal ausgeliefert fühlen.

Vielmehr sollte man die Karten als Entscheidungshilfe oder Wegweiser betrachten, die Einsicht gewähren und Klarheit in bestimmte Lebenssituationen bringen. Sie sollten als Chance wahrgenommen werden, zu mehr Bewusstsein zu gelangen. Wird die Thematik eines Problems verstanden, fällt es auch leichter, eigenständige, bewusste und gereifte Entscheidungen zu treffen. Denn es gilt, wie die Psychologin und Astrologin Liz Greene treffend sagt: »Das, was in uns geschieht, ist mit dem verbunden, was um uns geschieht.«

Achtung

Eine Besonderheit des Rider-Tarot-Kartendecks besteht darin, dass Arthur Waite ohne nähere Begründung von der klassischen Zählfolge (VIII = Gerechtigkeit, XI = Kraft) abgewichen ist und die beiden Karten ausgetauscht hat. Selbstverständlich kann man davon ausgehen, dass er wichtige und treffende Gründe für diese doch sehr einschneidende Veränderung hatte. Diese Entscheidung näher zu begründen – davon hat Waite zumindest in der Öffentlichkeit Abstand genommen. So bleibt es dem Leser überlassen, seine Gedanken und Ideen zu diesem Thema zu entwickeln oder darüber zu spekulieren. Bemerkenswert ist, dass auch andere Autoren wie z. B. Aleister Crowley diese beiden Karten ausgetauscht haben. In diesem Buch wurde die Arthur-Waite-Zählfolge beibehalten. Es gilt also: VIII = Kraft und XI = Gerechtigkeit.

Die Beschäftigung mit Tarot hat viele Künstler inspiriert. Hier ein Ölgemälde der zeitgenössischen Künstlerin Dora Holzhandler.

Das Tarot-Set

Ein Tarot-Set, auch Deck genannt, besteht aus 78 Karten:
- 22 Karten der Großen Arkana (oder Trumpfkarten),
- 56 Karten der Kleinen Arkana.

Große Arkana

Die Bilder der Großen Arkana (von 0 = Der Narr bis zu XXI = Die Welt) sind daran zu erkennen, dass oben in der Mitte der Karte eine Zahl steht und im Gegensatz zu den Karten der Kleinen Arkana im unteren Teil ein Name geschrieben ist.

Kleine Arkana

Die 56 Karten der Kleinen Arkana sind in vier so genannte Sätze aufgeteilt:

Jeder Satz der Kleinen Arkana besteht aus 14 Karten, die sich in zehn Zahlenkarten von As (= 1) bis 10 und vier Hofkarten aufteilen.

Stäbe

Kelche

König

Königin

Schwerter

Münzen

Ritter

Bube

Die Symbole sind auf dem jeweiligen Bild zu erkennen, der Name der Hofkarte ist unten in der Mitte des Bildes zu lesen.

Der Umgang mit den Tarotkarten

Die Fragestellung

Üblicherweise werden Fragen zu Beruf, Familie oder Partnerschaften gestellt, aber auch Fragen zur Bewältigung von Krisen und für die Zeiten im Leben, in denen man wenig oder keine Perspektiven erkennt. Eine Tarotbefragung kann wertvolle Impulse geben, Tendenzen oder Aussichten aufweisen, aber keine Entscheidungen abnehmen. Je deutlicher die Frage formuliert wird, umso besser:

● Worum geht es bei dieser Angelegenheit?
● Wie entwickeln sich meine beruflichen Aussichten, meine Partnerschaft, meine Beziehungen?
● Was soll ich weiterhin tun, wie soll ich mich verhalten?

Es können auch Fragen zur persönlichen Weiterentwicklung gestellt werden wie

● Welche Aufgaben oder Hürden sind zu überwinden?
● In welche Richtung wird mein Weg gehen?

Die Zeitregelung

Setzt man am Anfang eines Spiels keinen Zeitraum für eine bestimmte Frage fest, so gilt im Allgemeinen die Regel von sechs Wochen. Zeiten wie der eigene Geburtstag oder der Jahreswechsel sind sehr beliebt, um sich die Karten für ein ganzes Jahr zu legen.

Das Mischen der Karten

Alle Karten werden vollständig durchgemischt.
Abheben Mit der linken Hand die Karten abheben und wieder zusammenlegen.
Ziehen Die Karten verdeckt auf den Tisch oder Boden legen und mit der linken Hand die entsprechende Anzahl der Karten ziehen und sie – weiterhin verdeckt – zu einem Stapel aufeinander legen. So liegt die zuerst gezogene Karte unten, die zweite darauf usw.

Das Auslegen der Karten

Nun wird zuerst die unterste Karte aus dem Stapel genommen und offen ausgelegt. Mit den anderen Karten wird genauso verfahren und nach einem Muster (siehe Legebeispiele S. 11 ff.) angeordnet.

Das Deuten der Karten

Anfangs die Deutung unter den jeweiligen Porträtkarten nachlesen und mit der Zeit sich von der Bildsprache inspirieren und leiten lassen. Um die Deutungstexte aus diesem Atlas auf ein beliebiges Legesystem zu übertragen, kann man die Beschreibung der aufgeführten Punkte (Worum geht es? Was ist zu tun? etc.) aufnehmen und sie sinnvoll mit den Bedeutungen der Kartenpositionen anderer Tarotspiele oder -systeme verbinden.

Orientierungshilfe für die Deutung

Die folgende Kurzzusammenfassung ist eine Orientierungshilfe und erleichtert die Deutung.

● **Welches Element überwiegt?** Sind z.B. überwiegend Stäbe im Spiel, dann geht es hauptsächlich darum, die Angelegenheit optimistisch zu betrachten, sich den Herausforderungen zu stellen und aktiv zu sein.
● **Wie hoch ist die Anzahl der Karten der Großen Arkana?** Je mehr Trumpfkarten in einem Spiel gezogen wurden, umso wichtiger ist das Thema.
● **Wie viele auf dem Kopf stehende Karten wurden gelegt?** Da die Deutung dieser Karten sehr unterschiedlich gehandhabt wird, erscheint es sinnvoll, sie einfach in ihre richtige Position zu legen. Die »positive« oder »negative« Deutung einer Karte ergibt sich sowieso nur aus der Zusammenschau aller gelegten Karten.

Die Quersumme oder Quintessenz

Außer den Hofkarten werden alle Zahlen, die auf den Karten stehen, zusammengezählt (As zählt 1). Daraus wird die Quersumme errechnet, z.B: 34 = 3 + 4 = 7, d.h. die Quersumme 7 entspricht der Trumpfkarte VII = Der Wagen. Diese Karte wird aus der Großen Arkana genommen und weist auf die Tendenz der Frage hin.

Legebilder

Es gibt viele verschiedene Legebilder, die sich mit der Zeit entwickelt haben. Grundsätzlich kann jeder sein eigenes Legebild oder -system erfinden, in welcher Form auch immer es ihm beliebt.

Eine sehr gute Übung, um mit den Karten spielerisch umzugehen sowie die Bedeutung der gezogenen Karten zu erlernen und die Sprache der Bilder zu verstehen, ist, sich täglich eine Karte aus den 22 Trumpfkarten zu ziehen. Dabei geht es weniger um konkrete Ereignisse als vielmehr um die Beschäftigung mit einem bestimmten Thema, auf das diese Karte hinweist. Genauso kann natürlich eine Karte für einen Monat oder für ein ganzes Jahr als so genannte Themenkarte gezogen werden.

Tageskarte

Sie nehmen nur die 22 Karten der Großen Arkana (Trumpfkarten) aus dem Spiel. Die Karten werden durchgemischt, abgehoben, wieder zusammengelegt und verdeckt auf dem Tisch ausgebreitet. Nun wird mit der linken Hand eine Karte gezogen.

Beispiel

Sie haben beispielsweise als Tageskarte die Karte 0 Der Narr gezogen.

Der Narr steht neben anderem für Neuanfang, für Begeisterung, Unbekümmertheit und Lebhaftigkeit. Auf den Tag bezogen bedeutet dies eine Aufforderung dazu, die eigene kreative Seite zu entwickeln, freudig und unbekümmert völlig neue Seiten in sich und um sich herum zu entdecken und die günstige Gelegenheit anzunehmen, etwas Neues auszuprobieren und mutig Veränderungen einzuleiten.

Monatskarte

Auch hier wird eine Karte aus der Großen Arkana gezogen. Wenn z.B. die VII Der Wagen ausgewählt wurde, dann sollte in dieser Zeit Kraft, Optimismus, Selbstbewusstsein und Ehrgeiz entwickelt werden. Man sollte mutig für Veränderungen einstehen, Altes hinter sich lassen, für eigene Vorstellungen kämpfen und seine Visionen Wirklichkeit werden lassen.

Jahreskarte

Sehr beliebt ist es, eine Karte aus der Großen Arkana am eigenen Geburtstag oder zum Jahresbeginn zu ziehen. Sie weist auf Erfahrungen und Ereignisse hin, die wir im Laufe dieses Jahres machen und erleben werden. Lassen wir uns auf die tiefe Aussagekraft der Tarotkarten ein, so können wir daraus wichtige, wertvolle und sinnvolle Hinweise für unser alltägliches und spirituelles Leben erhalten. Darüber hinaus ist es sicherlich interessant, neben der Tarot-Jahreskarte das Radix- (oder Geburts-)Horoskop mit den entsprechenden Transiten, Auslösungen und Progressionen zu betrachten und sie miteinander zu vergleichen. Parallelen zum Thema sind immer zu beobachten. Wir erhalten dadurch die Chance, noch intensiver auf den jeweiligen Themenkreis einzugehen.

Beispiel

Nehmen wir beispielsweise an, dass als Jahreskarte XIII Tod gezogen wurde.

Zunächst mag diese Karte verwirren und manche Menschen in Angst und Schrecken versetzen. Zu schnell zieht man den Schluss, dass damit der eigene Tod gemeint sei. Um zu verstehen, dass die Karte XIII Tod keine negative Bedeutung hat, muss man sich darauf besinnen, dass jede Tarotkarte eine bestimmte Erfahrung zum Ausdruck bringt und unbewusste Seiten oder seelische Zustände spiegelt.

Die Interpretation der Karte XIII Tod bedeutet hier Abschied, Trennung oder Veränderung. Es geht um das

Ende eines Lebensabschnittes oder einer Entwicklungsphase. Das Leben ändert sich z.B. dramatisch, wenn ein junger Mensch in die Pubertät kommt. Er nimmt Abschied von seinen kindlichen Verhaltensweisen, er löst sich von seinem Elternhaus, nabelt sich ab. Die bisherigen Vorstellungen, eigenen Meinungen, Vorlieben, Freunde, seine Ideen und Ziele nehmen andere Form an. Kurz: Er macht eine tief greifende innere und äußere, eine emotionale und körperliche Wandlung durch, die wahrscheinlich die schmerzlichste in seinem Leben sein wird. Um diese Wandlung konkret vollziehen zu können, muss jeder Mensch ihm wichtige und wertvolle Dinge, die ihm bisher sehr viel Sicherheit gaben, loslassen, sich von ihnen befreien und trennen. Tatsächlich kommt das der Empfindung des Todes sehr nahe. Diese tief greifende Phase ist notwendig, um sich auf einen wirklichen Neuanfang einlassen zu können. In der Regel muss jeder Mensch viele Male in seinem Leben solche Übergänge auf einer inneren und äußeren Ebene zwischen Geburt und Tod vollziehen. In diesem Sinne bedeutet die Karte XIII Tod eine Chance, sich von bestimmten überkommenen Dingen, Meinungen oder Lebensanschauungen zu befreien, die inzwischen überholt sind, an denen man aber zu lange festgehalten hat. Der Weg für neue wertvolle Erfahrungen wird somit geebnet.

Persönlichkeits-, Wesens- und Wachstumskarte

Sehr beliebt ist es, aus den 22 Trumpfkarten die so genannte Persönlichkeitskarte und die Wesenskarte zu ermitteln. Manch einer mag daraus neue Schlüsse für seine Persönlichkeit ziehen. Bisher verborgen gebliebene Wesensmerkmale können durchaus zu einer Bereicherung des eigenen Daseins führen.

Persönlichkeitskarte

Aus der Summe des Geburtsdatums (Tag, Monat, Jahr) wird die Quersumme gebildet.

Beispiel 1
Ist jemand z. B. am 15.5.1981 geboren, ergibt sich die Quersumme 3 (15 + 5 + 1981 = 2001 = 3). Diese Zahl steht für die Persönlichkeitskarte III Die Herrscherin.

In diesem Fall ist die Zahl einstellig, somit sind Persönlichkeitskarte und Wesenskarte identisch. Ist die Quersumme der Persönlichkeitskarte zweistellig, wird, um die Wesenskarte zu ermitteln, aus der zweistelligen Zahl erneut die Quersumme gebildet.

Beispiel 2
War die Geburt z.B. am 20.12.1948 (20 + 12 + 1948 = 1980 = 18), ergibt das die Quersumme 18. Die Persönlichkeitskarte ist folglich XVIII Der Mond.

Wesenskarte

Hierbei handelt es sich um die Fortsetzung von Beispiel 2 der Persönlichkeitskarte. Von der Wesenskarte wird jedoch im Gegensatz zur Persönlichkeitskarte erneut die Quersumme von 18 genommen (1 + 8 = 9). Somit ergibt sich als Wesenskarte in diesem Fall die Zahl IX Der Eremit.

Wachstumskarte

Zusätzlich zur Persönlichkeitskarte und zur Wesenskarte kann man eine so genannte Wachstumskarte ermitteln. Sie wird im Gegensatz zur Jahreskarte, die ja verdeckt gezogen wird, aus dem Geburtstag, dem Geburtsjahr und dem entsprechenden Jahr errechnet.

Beispiel
Jemand ist beispielsweise am 21.10. geboren und möchte die Wachstumskarte für das Jahr 2002 erfragen.
Die errechnete Quersumme 8 (21 + 10 + 2002 = 2033) ergibt damit die Karte VIII Die Kraft.
Wenn die Quersumme größer als 22 ist, wird auch hier nochmal die Quersumme gebildet.

Legebeispiele

Legebeispiel 1

Sie möchten beispielsweise in Erfahrung bringen,
- wohin Ihre berufliche Entwicklung in der nächsten Zeit tendiert,
- oder Sie erleben im Augenblick eine Phase des finanziellen Engpasses und möchten wissen, ob sich diese Tendenz fortsetzt oder bald zu Ende ist,
- oder Sie möchten etwas über den Stand Ihrer persönlichen Entwicklung erfahren.

Dazu mischen Sie das ganze Kartenset, heben ab und wählen aus den verdeckt vor Ihnen liegenden Karten mit der linken Hand drei aus. Die erste Karte beleuchtet den Zustand in der Vergangenheit und die möglichen Ursachen, die zur Entstehung des Problems beigetragen haben. Die zweite Karte reflektiert die gegenwärtigen Einflüsse, und die dritte Karte gibt einen Ausblick auf künftige Entwicklungen und Ereignisse.

Vergangenheit **Gegenwart** **Zukunft**

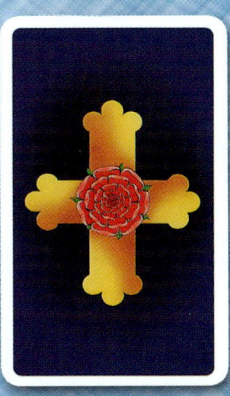

Legebeispiel 2

Dabei handelt es sich um ein einfaches und ideales Legebeispiel mit vier Karten. Es gibt kurz und knapp eine Information über die bewusste und unbewusste Seite einer Angelegenheit sowie einen Hinweis darauf, was zu tun ist, um den Weg für eine neue Entwicklung zu öffnen. Dabei werden verdeckt vier Karten gezogen und wie folgt ausgelegt:

Position 2
Die unbewusste, verdrängte, unbekannte, entwicklungshemmende Seite: Die Vergangenheit

Position 1
Das Thema: Worum geht es?

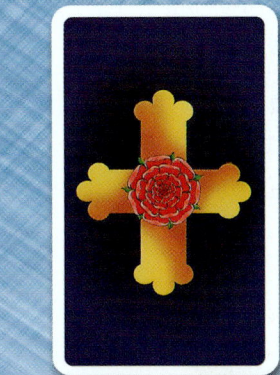

Position 3
Die bewusste Seite, das, was klar erkannt wird: Die Gegenwart

Position 4
Was ist zu tun?
Die Chance oder Möglichkeit, die neue Entwicklung: Die Zukunft

Legebeispiel 3 (Keltisches Kreuz)

Das bekannteste, älteste und beliebteste Legebild ist das Keltische Kreuz, bei dem alle Karten – die Großen und Kleinen Arkana – im Spiel sind. Es bezieht sich auf Vergangenheit, Gegenwart und Zukunft.

Position 1 weist auf das zentrale Thema, die gegenwärtige Situation hin.

Position 2 weist auf fördernde oder hemmende Einflüsse hin.

Position 3 weist darauf hin, was im Zusammenhang mit der Frage bewusst ist, auch auf ein mögliches Ergebnis, auf eine mögliche Zukunft der Angelegenheit.

Position 4 weist darauf hin, was im Zusammenhang mit der Frage unbewusst ist, auch auf den Hintergrund der Frage.

Position 5 weist auf die jüngere Vergangenheit hin.

Position 6 weist auf das hin, was in näherer Zukunft in dieser Angelegenheit geschehen wird.

Position 7 weist auf den Frager selbst hin und seine Einstellung in dieser Angelegenheit.

Position 8 weist auf sein Umfeld hin und dessen Einstellung.

Position 9 weist auf die Hoffnungen und/oder Ängste des Fragers in dieser Angelegenheit hin.

Position 10 weist auf das Ergebnis oder auf die weitere Zukunft hin.

Die vier Elemente

Die Viererstruktur der einzelnen Sätze spiegelt sich in den vier Elementen Feuer, Wasser, Luft und Erde wider. Sie sind zudem die Eckpfeiler der Astrologie. Dabei wird im Tarot für die vier Elemente folgende symbolische Zuordnung vorgenommen: Die Stäbe entsprechen dem Element Feuer, die Kelche entsprechen dem Element Wasser, die Schwerter dem Element Luft und die Münzen entsprechen dem Element Erde. Ausgehend von dieser Zuordnung bekommt man bei der Deutung der Karten eine grundlegende Orientierung an die Hand, da jedem Element ganz bestimmte Qualitäten zugesprochen werden. Im Folgenden lesen Sie die Schlüsselworte für die vier Tarotsätze:

Satz der Stäbe

entspricht dem Element Feuer.
Diese Karten beschreiben die Erfahrung und Entwicklung von Optimismus, Zuversicht, Hoffnung, Kreativität, Phantasie, Veränderung, Bewegung, Aktion, Wettbewerb, Handel, Unternehmungslust sowie die Fähigkeit oder Aufgabe, sich Herausforderungen zu stellen, etwas zu tun, in Gang zu bringen oder etwas zu verändern.

Satz der Kelche

entspricht dem Element Wasser.
Diese Karten beschreiben die Erfahrung und Entwicklung von Liebe, Emotionen, Phantasie, Freude, Harmonie, Verständnis, Mitgefühl, Instinkt, Intuition, Kreativität sowie die Fähigkeit oder Aufgabe, Gefühle zu geben, sie zu empfangen, zu entwickeln, sie zu offenbaren und die innere Verbundenheit mit anderen Menschen zu erleben und auch aktiv durch Einfühlsamkeit und Hilfe zu leben.

Satz der Schwerter

entspricht dem Element Luft.
Diese Karten beschreiben die Erfahrung und Entwicklung von Objektivität, klarer Erkenntnis, Vernunft, Urteilsfähigkeit, Entscheidungskraft, Gerechtigkeit, Analyse, Logik, Flexibilität sowie die Fähigkeit oder Aufgabe, mit kritischem Verstand, objektiv, rational und unabhängig schwierige Probleme oder Konflikte wahrzunehmen und sie zu meistern.

Satz der Münzen

entspricht dem Element Erde.
Diese Karten beschreiben die Erfahrung und Entwicklung von Beständigkeit und Bodenständigkeit, Sicherheit, Zufriedenheit, Wirklichkeitsnähe, Körperlichkeit, Sinnlichkeit, Erfolg, finanziellem Gewinn, Selbstwertgefühl sowie die Fähigkeit oder Aufgabe, reale und greifbare Ziele zu verwirklichen, Materielles zu erhalten und zu bewahren, neue nützliche Fertigkeiten zu erwerben, Ordnung, Strukturen und Systeme aufzubauen.

Die Stäbe

Diese Karten symbolisieren Macht, Durchsetzungskraft, Mut, Selbstvertrauen und Zuversicht. Sie repräsentieren diejenigen Eigenschaften, die notwendig sind, um eine bestimmte Idee, einen Plan oder ein Ziel zu verfolgen und zum Erfolg zu führen. Es geht darum, dem Leben aktiv, mit Freude und dem dazu nötigen Eroberungsgeist und Zielstrebigkeit zu begegnen und Herausforderungen anzunehmen.

As der Stäbe

Zwei der Stäbe

Drei der Stäbe

Vier der Stäbe

Fünf der Stäbe

Sechs der Stäbe

Sieben der Stäbe

Acht der Stäbe
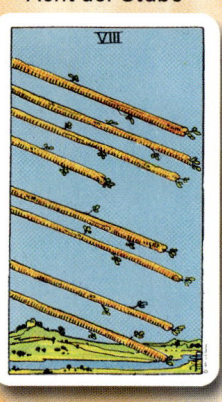

Neun der Stäbe

Zehn der Stäbe

Die Hofkarten der Stäbe

Bube der Stäbe

Ritter der Stäbe

Königin der Stäbe

König der Stäbe

Die Schwerter

Diese Karten symbolisieren die Kraft des klaren, objektiven Verstandes. Sie repräsentieren die Fähigkeit, Probleme zu analysieren, Energien zu kanalisieren und sie in eine bestimmte Richtung zu lenken. Schwerter konfrontieren den Frager mit einer oft schmerzlichen Realität oder Wahrheit und fordern ihn auf, notwendige Entscheidungen unabhängig und konsequent zu treffen.

As der Schwerter

Zwei der Schwerter

Drei der Schwerter

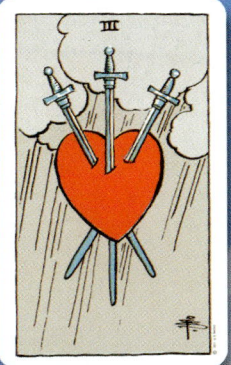

Vier der Schwerter

Fünf der Schwerter

Sechs der Schwerter

Sieben der Schwerter

Acht der Schwerter

Neun der Schwerter

Zehn der Schwerter

Die Hofkarten der Schwerter

Bube der Schwerter

Ritter der Schwerter

Königin der Schwerter

König der Schwerter

Die Münzen

Diese Karten bedeuten Produktivität, Erfolg, Reichtum, Verantwortung und Zufriedenheit. Sie repräsentieren einerseits die realistische, konkrete, materielle Seite des Lebens, andererseits spielen sinnliche Erfahrungen und Genuss am Leben eine zentrale Rolle. Münzen stehen für die Verwirklichung von Ideen und wie Freude und Genugtuung durch befriedigende Arbeit erreicht werden.

As der Münzen

Zwei der Münzen

Drei der Münzen

Vier der Münzen

Fünf der Münzen

Sechs der Münzen

Sieben der Münzen

Acht der Münzen

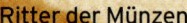

Neun der Münzen

Zehn der Münzen

Die Hofkarten der Münzen

Bube der Münzen

Ritter der Münzen

Königin der Münzen

König der Münzen

Die Kelche

Diese Karten symbolisieren innere, emotionale Erfahrungen. Sie stehen für die Welt der Gefühle, der Liebe und Romantik sowie für die Fähigkeit, mit der Kraft des Herzens zu fühlen und zu handeln. Sie berühren die Freuden des täglichen Lebens, das Mitgefühl, die Phantasie und Kreativität sowie die Beziehung zu unseren Mitmenschen, unseren Träumen und Sehnsüchten.

As der Kelche

Zwei der Kelche

Drei der Kelche

Vier der Kelche

Fünf der Kelche

Sechs der Kelche

Sieben der Kelche

Acht der Kelche

Neun der Kelche

Zehn der Kelche

Die Hofkarten der Kelche

Bube der Kelche

Ritter der Kelche

Königin der Kelche

König der Kelche

Die Hofkarten

Die Hofkarten werden bei der Deutung übergreifend nach den einzelnen Personen Buben – Ritter – Königinnen – Könige zusammengefasst, oder man gruppiert sie nach den vier Sätzen: Stäbe – Hofkarten, Schwerter – Hofkarten, Kelche – Hofkarten, Münzen – Hofkarten.

Die Hofkarten unterscheiden sich von den Zahlenkarten dadurch, dass sie traditionell Personen oder Charaktertypen darstellen. Darüber hinaus können sie im Zusammenhang mit einer Frage innere Erfahrungen, Qualitäten, Eigenschaften und Einstellungen repräsentieren, die vom Fragesteller selbst dargestellt werden oder die ihn dazu auffordern, diese Eigenschaften zu entwickeln, oder sie treten als wirkliche Personen in sein Leben.

Die Königinnen

repräsentieren in allen vier Sätzen
das reife, stabile, weibliche, empfangende, bewahrende Element.

Die Könige

repräsentieren in allen vier Sätzen
das dynamische, verantwortungsbewusste, männliche Element.

Die Buben

repräsentieren in allen vier Sätzen
den kindlichen, unschuldigen, naiven Aspekt eines jeden Satzes.

Die Ritter

repräsentieren in allen vier Sätzen
Lebenslust, Bewegung, Energie, Freude am Handeln und Verwirklichen.

Hinweis

Für die Deutung ist darauf hinzuweisen, dass hier nur die Hofkarten König und Königin als mögliche Begegnung mit einer Person beschrieben werden.

Die Großen Arkana

Die Großen Arkana setzen sich aus 22 Karten zusammen, auch Trumpfkarten genannt. Die Zählung der Karten beginnt mit 0 = Der Narr und endet mit XXI = Die Welt. Im Gegensatz zur klassischen Zählfolge, bei der die Zahl VIII = Gerechtigkeit und XI = Kraft entspricht, ist die Besetzung beim Rider-Waite-Tarot genau umgekehrt. Was die astrologische Zuordnung angeht, so ist diese nicht immer eindeutig herzustellen. Es kommt vor, dass entweder nur ein Element oder ein Planet genannt werden können.

0 Der Narr

Traditionelle Bedeutung Impuls, Vorwärtsdrängen, Neuanfang, Begeisterung, Unbekümmertheit, Unbeschwertheit, Mut, Flexibilität, Unabhängigkeit, Kreativität, Spontaneität, Ungeduld.
Worum geht es? Um Aufbruch! Um den Beginn einer neuen Lebensphase. Um den Mut, sich etwas völlig Unbekanntem zu öffnen und damit Erfahrungen zu sammeln.
Was ist zu tun? Mit Begeisterung und ohne zu zögern die Herausforderung zur Veränderung annehmen. Neue Möglichkeiten und günstige Gelegenheiten für sich nutzen.
... im Umgang mit anderen Neugierig, fröhlich, vorurteilslos und unbeschwert Beziehungen knüpfen. Ohne Angst und Furcht sich vollkommen neuen Verbindungen stellen.
... im Arbeitsbereich Durch flexibles und aufgeschlossenes Verhalten Chancen erkennen und nutzen. Sich auf seinen sechsten Sinn verlassen. Risikobereitschaft zeigen.
Was ist zu vermeiden? Taktlosigkeit, Inkonsequenz, Rücksichtslosigkeit, Ellbogenmentalität, Feigheit, Mutlosigkeit, Bestechlichkeit, Hinterlist, Betrug
Bildsymbolik Unbeschwert wandert der junge Mann seinen Ideen nachhängend, ohne den Abgrund zu beachten.
Astrologische Zuordnung: Zeichen: Wassermann, Element: Luft, Planet: Uranus.

I Der Magier

Traditionelle Bedeutung Macht, Entschlusskraft, Wille, Verstand, Mut, Optimismus, Bewusstsein, Selbstvertrauen, Aktivität, Selbstgestaltung, Kreativität, Unabhängigkeit, Energie.
Worum geht es? Um Willenskraft, um die Fähigkeit, Impulse, Ideen, Gedanken und Phantasien aufzunehmen, die vorhandenen Möglichkeiten zu erkennen, sie in die Tat umzusetzen und zu verwirklichen.
Was ist zu tun? Handeln statt reagieren, konkrete Schritte einleiten, um das gesteckte Ziel zu erreichen. Bewusst, diszipliniert, klar, eindeutig und entschieden seinen Weg gehen.
... im Umgang mit anderen Selbst Initiative ergreifen; herzlich, wohlwollend, offen und aufgeschlossen auf andere zugehen; vermittelnd eingreifen, um Probleme zu lösen.
... im Arbeitsbereich Sich von seinen Inspirationen beflügeln lassen, Impulse geben oder aufnehmen. Humor, Heiterkeit, Durchsetzungskraft und Entschlossenheit in seine Arbeit einfließen lassen. Einfluss geltend machen, mit seinem Können überzeugen.
Was ist zu vermeiden? Tricks, Gaunereien, Manipulationen, Apathie, Lügen, Machtmissbrauch, Hinterlist, Willensschwäche.
Bildsymbolik Kunstvoll beherrscht er das Spiel mit den Elementen, dargestellt als Kelch, Schwert, Stab, Münze.
Astrologische Zuordnung: Zeichen: Zwilling, Element: Luft, Planeten: Merkur und Pluto

II Die Hohepriesterin

Traditionelle Bedeutung Intuition, Verborgenes, Geheimnisvolles, Träume, Symbole, Phantasien, Ahnungen, Irrationales, Entwicklung, Weisheit, Geduld, Fürsorge, Verständnis, Anteilnahme.

Worum geht es? Um Unbewusstes, um Licht und Schatten, um kreative und zerstörerische, um gute und böse Potenziale unseres Wesens. Um das Vertrauen in die Weisheit der unbewussten Kräfte, zu unserer geheimnisvollen, inneren, verborgenen Welt.

Was ist zu tun? Auf die eigene Intuition, auf die innere Stimme und auf das innerste Selbst hören. Sich der Welt der Träume, Gefühle, Gedanken und Phantasien öffnen. Rückzug, Ruhe und Rückbesinnung.

... im Umgang mit anderen Die Bereitschaft, auf andere einzugehen, jederzeit und bereitwillig zu helfen. Tiefes inneres Glück und die Verbundenheit zu den Mitmenschen suchen.

... im Arbeitsbereich Die Fähigkeit, künftige Entwicklungen zu erahnen und diese in seine Arbeit einfließen zu lassen. Abwarten, bis der passende Zeitpunkt gekommen ist, um die vorhandenen Potenziale und Möglichkeiten umsetzen zu können.

Was ist zu vermeiden? Launen, Unberechenbarkeit, Reizbarkeit, Angst, Passivität, Unselbstständigkeit.

Bildsymbolik Weise hütet sie das tiefe Wissen intuitiver Kräfte. Der Mond zu ihren Füßen gibt ihr die Macht.

Astrologische Zuordnung: Element: Luft, Planeten: Mond und Neptun.

III Die Herrscherin

Traditionelle Bedeutung Wachstum, Veränderung, Neubeginn, Sinnlichkeit, Leidenschaft, Gefühle, Mütterlichkeit, Fürsorge, Liebe, Fruchtbarkeit, Reife, Kraft, Schönheit, Weisheit, Frieden, Vertrauen, Üppigkeit.

Worum geht es? Um Lebensfreude, um Entfaltung von Sinnesfreuden, natürlichen Instinkten und Leidenschaften. Um Wachstum und Entwicklung emotionaler, geistiger und finanzieller Möglichkeiten. Um ein inneres Gefühl der Sicherheit und des Vertrauens und um bedingungslose, fürsorgliche Liebe.

Was ist zu tun? Geduld und Gelassenheit entwickeln, bis der richtige Zeitpunkt zum realistischen und pragmatischen Handeln gekommen ist.

... im Umgang mit anderen Neue Verbindungen und Beziehungen eingehen. Veränderungen, Loslösungsprozesse, Trennungen akzeptieren.

... im Arbeitsbereich Kreative, schöpferische, gestalterische Phase nutzen. Sich auf Veränderungen und neue Aufgaben im Beschäftigungsbereich einstellen.

Was ist zu vermeiden? Stagnation, Trägheit, Dumpfheit, Gleichgültigkeit, Ärger, Wut, Groll, Hemmungslosigkeit, Geiz.

Bildsymbolik Würdevoll regiert sie über die blühende und Frucht tragende Natur im Bewusstsein ihrer eigenen Schönheit. *Astrologische Zuordnung:* Zeichen: Stier, Element: Erde, Planet: Venus.

IV Der Herrscher

Traditionelle Bedeutung Stabilität, Ordnung, Struktur, Leistung, Unabhängigkeit, Reife, Macht, Ruhe, Wahrhaftigkeit, Ehrgeiz, Autorität, Klarheit, Disziplin, Voraussicht, Ordnung.

Worum geht es? Um Verantwortung, um die Entwicklung innerer Kraft und Stärke, damit man den Herausforderungen, Aufgaben und Hürden des Lebens begegnen kann.

Was ist zu tun? Einen eigenen Standpunkt und Prinzipien im Leben finden und diese vertreten. Aktiv, fleißig, effektiv und beharrlich Ideen und Vorstellungen umsetzen. Eine übertragene Aufgabe zu Ende führen.

... im Umgang mit anderen Geduld zeigen und Verantwortung übernehmen. Klare und dauerhafte Verhältnisse in Verbindungen oder Beziehungen schaffen.

... im Arbeitsbereich Ehrgeizig und diszipliniert Unternehmungen angehen. Gewissenhaft und ausdauernd vorgehen, um die gesteckten Ziele und Wünsche zu erreichen.

Was ist zu vermeiden? Sturheit, Arroganz, Unstetigkeit, Verschlossenheit, Kälte, Härte und Rücksichtslosigkeit, Strenge.

Bildsymbolik Souverän hält er das Zepter mit dem Symbol der Unendlichkeit, gestützt auf zwei Widderköpfe. Der rote Umhang verleiht ihm Kraft und Willensstärke. *Astrologische Zuordnung:* Element: Feuer und Erde, Planet: Mars.

V Der Hohepriester

Traditionelle Bedeutung Einsicht, Wissen, Verständnis, Sinnsuche, Gerechtigkeit, hohe Werte und Ziele, Glaube, Ideale, Souveränität, Überzeugung, Weisheit, Moral, Idealismus, Würde.

Worum geht es? Um Vertrauen, um das Verstehen und die Einsicht in die physischen, psychischen und geistigen Zusammenhänge im Leben. Um die Frage nach dem verborgenen Sinn des Lebens.

Was ist zu tun? Innere Sicherheit, Selbstvertrauen, Gelassenheit und Überzeugung gewinnen. Auf die innere Stimme hören. Kontakt zu unserer inneren, spirituellen Welt, zu unserem Gewissen suchen.

... im Umgang mit anderen Mitmenschen mit Vertrauen, Fürsorge und Großmut begegnen. Sich für deren Nöte und Probleme einsetzen. Ihnen ein Vermittler und Berater sein; Verständnis, Vertrauen, Hilfe und Trost anbieten.

... im Arbeitsbereich Überzeugungen treu bleiben. Vertrauen entfalten, vom positiven Verlauf künftiger Entwicklungen überzeugt sein.

Was ist zu vermeiden? Scheinheiligkeit, Großspurigkeit, Rechthaberei, Leichtgläubigkeit, Arroganz, Schwäche.

Bildsymbolik Das rotorange Gewand symbolisiert das Element Feuer. Mit seiner Krone des Wissens spricht er würdevoll Recht. *Astrologische Zuordnung:* Zeichen: Schütze, Element: Feuer.

VI Die Liebenden

Traditionelle Bedeutung Liebe, Glück, Hingabe, Erotik, Sinnlichkeit, Harmonie, Leidenschaft, Begierde, Verlangen, Verständnis, Beziehungen, Veränderung.

Worum geht es? Um Entscheidung, um die Notwendigkeit, eine Entscheidung von großer Tragweite unabhängig und selbstständig zu treffen. Um die Fähigkeit, einen Konflikt zu lösen. Um tiefe, echte, wahre Liebeserfahrung, Hingabe und Anteilnahme.

Was ist zu tun? Den Weg der Liebe vertrauensvoll gehen. Die Konsequenzen der getroffenen Entscheidung genau bedenken und sie zu tragen bereit sein.

... im Umgang mit anderen Tiefes Glück und wirkliche Verbundenheit in einer Partnerschaft erleben. Sich aus Abhängigkeiten, quälenden und demütigenden Beziehungen lösen.

... im Arbeitsbereich Mit Freude, frohem Herzen, mutig und eindeutig, zu einer getroffenen Entscheidung stehen.

Was ist zu vermeiden? Unehrlichkeit, Maßlosigkeit, Unentschlossenheit, Bequemlichkeit, Unsicherheit, Untreue.

Bildsymbolik In der Dualität liegt die Einheit. Zwei Menschen werden unter dem göttlichen Segen zusammengeführt. *Astrologische Zuordnung:* Planeten: Venus und Mars.

VII Der Wagen

Traditionelle Bedeutung Kraft, Ehrgeiz, Aktivität, Erfolg, Selbstbewusstsein, Willenskraft, Freude, Optimismus, Triebhaftigkeit, Freiheit, Heiterkeit, Erfolg.

Worum geht es? Um Mut; mit widersprüchlichen Gefühlen, Emotionen und Wünschen richtig umgehen, sie kontrollieren und nutzen.

Was ist zu tun? Aktiv, vital, zuversichtlich und konfliktbereit seinen eigenen Willen durchsetzen. Für die eigenen Vorstellungen kämpfen und sich nicht beirren lassen.

... im Umgang mit anderen Sich mit den eigenen Widersprüchen, Aggressionen und Konflikten ohne Berührungsangst auseinander setzen. Innere Kämpfe als Chance zur persönlichen Weiterentwicklung annehmen. Neuen Schwung und Lebendigkeit in Begegnungen einbringen.

... im Arbeitsbereich Unbeschwert, forsch, risikofreudig und mit Begeisterung eigene Wege finden und sie selbstbewusst gehen. Für neue Erfahrungen und Überraschungen offen sein.

Was ist zu vermeiden? Übertriebenes Geltungsbedürfnis, Selbstüberschätzung, Zerstörung, Unbarmherzigkeit, rücksichtsloser Egoismus, Ungeduld, Streit, Kampf, Depressionen.

Bildsymbolik Siegessicher strebt der Wagen seinem Ziel entgegen, gezogen von den dunklen und den hellen Mächten. Der kühne Wagenlenker hat den Wagen im Griff. *Astrologische Zuordnung:* Zeichen: Widder, Element: Feuer, Planet: Mars.

VIII Kraft

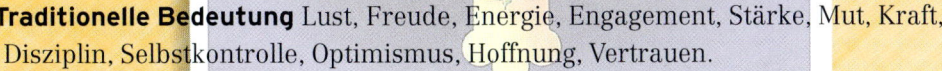

Traditionelle Bedeutung Lust, Freude, Energie, Engagement, Stärke, Mut, Kraft, Disziplin, Selbstkontrolle, Optimismus, Hoffnung, Vertrauen.

Worum geht es? Um Leidenschaft, um ein tiefes Verständnis für die unbewussten, triebhaften Seiten der Psyche. Um die Annahme und Integration leidenschaftlicher Energie und Instinkte.

Was ist zu tun? Mit Lebensfreude, Mut, innerer Ruhe, Kraft und Selbstsicherheit dem Leben begegnen. Mit Selbstbeherrschung Aggressionen bändigen und dadurch bestimmte Situationen oder eine bestimmte Sache in den Griff bekommen. Dabei trotzdem lebendig und kreativ bleiben.

... im Umgang mit anderen Herzliche, wohlwollende, lustvolle Gefühle für andere zum Ausdruck bringen. Leidenschaften mit Vernunft oder mit der Kraft der Liebe bezwingen. Aussöhnung anstreben.

... im Arbeitsbereich Mut zum Risiko; mit Engagement und entschlossenem Handeln eigenes Können beweisen.

Was ist zu vermeiden? Größenwahn, Hochmut, Ichbezogenheit, bedenkenlose Durchsetzung des eigenen Willens, Zorn, Wut, Gewalt, Hass.

Bildsymbolik Selbstsicher und ohne Angst greift die Frau nach dem Kopf des Löwen, bändigt ihn sanft und gewinnt dadurch selbst Stärke und Kraft. *Astrologische Zuordnung:* Zeichen: Löwe, Element: Feuer, Planet: Sonne.

IX Der Eremit

Traditionelle Bedeutung Selbsterkenntnis, Abgrenzung, Bescheidenheit, Demut, Gelassenheit, Geduld, Weisheit, Unabhängigkeit, Rückzug, Einsicht, Verständnis, Besinnung.

Worum geht es? Um Reife, um die Entwicklung innerer Kraft, Stabilität, Geborgenheit und Unabhängigkeit. Um die Erfahrung, dass man bei den wichtigsten Dingen im Leben nur auf sich selbst gestellt ist. Um das Wissen der eigenen Grenzen.

Was ist zu tun? In Zurückgezogenheit sich sammeln und auf das Wesentliche konzentrieren. Klarheit darüber gewinnen, was im Leben wirklich wichtig ist.

... im Umgang mit anderen Rückzug, in sich gekehrt, mit sich sein. Besinnung und Neubewertung aller zwischenmenschlichen Beziehungen. Sich Konflikten und Verlustängsten in Beziehungen zu stellen.

... im Arbeitsbereich Objektiv und unvoreingenommen die Angelegenheiten betrachten und dann reife und unabhängige Entscheidungen treffen.

Was ist zu vermeiden? Verbitterung, Isolation, Einsamkeit, Ignoranz, Angst vor Veränderung, Misstrauen, Überangepasstheit, Frustrationen.

Bildsymbolik Der alte, weise Mann hat gelernt, allein zu sein. Mit Vernunft und Bedacht trägt er das Licht der Einsicht. *Astrologische Zuordnung:* Zeichen: Wassermann, Planet: Saturn.

X Rad des Schicksals

Traditionelle Bedeutung Fluss des Lebens, Veränderung, neuer Zyklus, Wandel, überraschende Wende, Erkenntnis, Realität, Gegenwart.

Worum geht es? Um Wandel und Anpassung, um Erfahrungen und Veränderungen im Leben, denen wir ausgeliefert sind, und um die Einsicht der Notwendigkeit, sie anzunehmen. Um die Annahme des Schicksals. Um das Auf und Ab im Leben.

Was ist zu tun? Die Ereignisse und Dinge annehmen, wie sie sind, und dahinter gleichzeitig den günstigen Moment einer Chance zur Veränderung oder einer neuen Aufgabe zu erkennen. Einen Überblick über das bisherige Leben gewinnen, die Zusammenhänge und Hintergründe verstehen lernen.

... im Umgang mit anderen Sich bedeutsamen, unausweichlichen Begegnungen stellen. Sich Entwicklungen in Beziehungen anpassen.

... im Arbeitsbereich Den richtigen Zeitpunkt erkennen, um Probleme anzupacken und zu lösen. Neue Möglichkeiten, günstige Augenblicke erkennen und sie nutzen.

Was ist zu vermeiden? Zerstörung, Lebensverneinung, Resignation, Passivität.

Bildsymbolik Wie ein Glücksrad dreht sich das Leben auf der Suche nach dem tieferen Sinn. *Astrologische Zuordnung:* Planet: Saturn.

XI Gerechtigkeit

Traditionelle Bedeutung Gleichgewicht, Urteil, Vernunft, Intelligenz, Gerechtigkeit, Gleichberechtigung, Ausgleich, Harmonie, Stabilität, Voraussicht, Aufrichtigkeit.

Worum geht es? Um Objektivität, um die Fähigkeit, die Dinge rational abzuwägen. Um ein faires und ausgewogenes Urteil. Um eine klare Entscheidung.

Was ist zu tun? Unsere Handlungen selbstkritisch – auch im Hinblick auf die Zukunft – prüfen. Die möglichen Auswirkungen unserer Handlungen nach allen Seiten hin bedenken.

... im Umgang mit anderen Fairness, Ausgewogenheit, Zuverlässigkeit und Gleichwertigkeit in Beziehungen als notwendige Voraussetzungen für ein gelingendes Miteinander erkennen, akzeptieren und pflegen.

... im Arbeitsbereich Eigenverantwortlich sein, entschlossen und zielstrebig für eine Sache eintreten. Unparteiische Lösungen finden und Entscheidungen treffen.

Was ist zu vermeiden? Unaufrichtigkeit, Täuschungsmanöver, Bestechlichkeit, Kälte, Humorlosigkeit, Gleichgültigkeit.

Bildsymbolik Selbstbewusst und diplomatisch hält die Wächterin des Rechts in der einen Hand die Waage der Gerechtigkeit und in der anderen das Schwert der Rechtsprechung. *Astrologische Zuordnung:* Zeichen: Waage, Element: Luft, Planet: Venus.

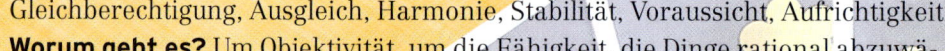
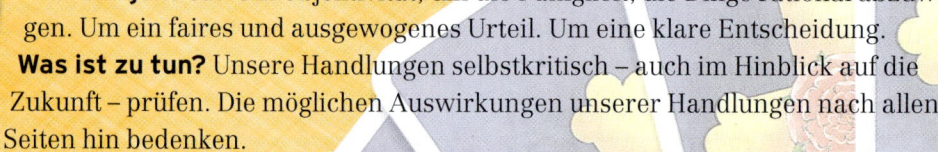

XII Der Gehängte

Traditionelle Bedeutung Krise, Schwierigkeiten, Bewusstseinserweiterung, Opfer, Erlösung, Stillstand, Vertrauen, Reife, Hingabe, Blockade, Krankheit, Ruhe.

Worum geht es? Um Umkehr, um die Aufforderung, die Dinge und Menschen aus einem veränderten Blickwinkel zu betrachten und wahrzunehmen. Um die Bereitschaft und Notwendigkeit, alte, inzwischen überholte Wertvorstellungen über Bord zu werfen und sich neuen Einsichten zu öffnen.

Was ist zu tun? Warten, hoffen, auf die Zukunft vertrauen. Gewohnte und vertraute Wege verlassen, etwas völlig Neues wagen.

... im Umgang mit anderen Loslassen, verzichten und umdenken ist in Beziehungen oder im Umgang mit anderen notwendig, damit man zu einer neuen Einstellung und zu einem besseren Lebensgefühl finden kann.

... im Arbeitsbereich Trotz Schwierigkeiten, Verzögerungen und Verhinderungen geduldig bleiben. Offen und aufmerksam Impulse von außen annehmen.

Was ist zu vermeiden? Angst, Furcht, Selbstaufgabe, Anpassung, Fremdbestimmung, Wirklichkeitsflucht, Isolation, Engstirnigkeit.

Bildsymbolik Festgezurrt mit dem Kopf nach unten gelangt der Hängende schließlich zur befreienden Erleuchtung. *Astrologische Zuordnung:* Zeichen: Fische, Element: Wasser, Planet: Neptun.

XIII Tod

Traditionelle Bedeutung Abschied, Trauer, Schmerz, Abschluss, Trennung, Veränderung, Umwandlung, Endgültigkeit, Überwindung, Vergänglichkeit.

Worum geht es? Ums Loslassen, um das Ende eines Lebensabschnittes oder einer bestimmten Entwicklungsphase. Um einen Neuanfang. Um Tod und Leben.

Was ist zu tun? Altes, Überkommenes aufgeben, hinter sich lassen. Den Weg für Unbekanntes, Unerforschtes ebnen. Sich auf neue Erfahrungen bereitwillig einlassen.

... im Umgang mit anderen Sich befreien und Trennungen vollziehen. Ängstliches Festhalten an Beziehungen als Behinderung der individuellen Entwicklung begreifen. Erkennen, dass sich durch die Bereitschaft zur Veränderung ganz neue Lebensumstände und -perspektiven ergeben.

... im Arbeitsbereich Den endgültigen Abschluss einer Angelegenheit akzeptieren. Die Möglichkeiten eines Neuanfangs dankbar wahrnehmen.

Was ist zu vermeiden? Lebensängste, Furcht, Flucht in Depressionen, Verweigerung, rigides Verhalten, Zerstörung, Verlassenheitsängste, Lebensverneinung.

Bildsymbolik Gnadenlos hinterlässt der Tod Verwüstung. Der Sieger zeigt sein Banner. Doch neues Licht begegnet ihm und lässt neue Hoffnung aufkommen. *Astrologische Zuordnung:* Zeichen: Skorpion, Element: Wasser, Planeten: Pluto und Mars.

XIV Die Mäßigkeit

Traditionelle Bedeutung Freude, Ruhe, Gleichgewicht, Harmonie, Ausgewogenheit, Glück, Vernunft, Bewusstsein, Geduld, Verbundenheit, Mitgefühl, Gelassenheit, Hoffnung.

Worum geht es? Um Ausgewogenheit, um das rechte Maß im Umgang mit Menschen und Dingen, um das innere und äußere Gleichgewicht. Um die Verbindung zwischen Gegensätzen und um das Streben nach Harmonie, Ausgeglichenheit und Mitgefühl.

Was ist zu tun? Freude am Dasein empfinden, ohne dass es von einer Absicht geleitet ist. Zeiten des Glücks, der Harmonie, des Friedens und der Gelassenheit schätzen lernen und für sich bewahren.

... im Umgang mit anderen Verbindungen suchen, eingehen und gestalten. Die Fähigkeit entwickeln, zu geben und zu nehmen.

... im Arbeitsbereich Den Erfolg suchen durch ruhiges, sorgfältiges Abwägen verschiedener Möglichkeiten in entspannter und friedlicher Atmosphäre.

Was ist zu vermeiden? Frustration, Langeweile, Übertreibungen, Hektik, Selbstzweifel, Extreme, Ungeduld.

Bildsymbolik Im Gewand der Tugend sorgt der Engel für ein ausgewogenes Maß, indem er die verschiedenen Elemente des Handelns und Fühlens miteinander verbindet. *Astrologische Zuordnung:* Planeten: Sonne und Mond.

XV Der Teufel

Traditionelle Bedeutung Instinkte, Urkräfte, Triebe, Macht und Machtmissbrauch, Angst, Ohnmacht, Versuchung, Sucht, Verführung, Leidenschaft, Gewalt.

Worum geht es? Um Schattenseiten, um die Begegnung mit den unbewussten Seiten unserer Persönlichkeit, die sehr häufig gefürchtet, verabscheut und verdrängt werden.

Was ist zu tun? Die Notwendigkeit erkennen, eigene Hemmungen, Blockierungen, niedrige Instinkte sowie die dunklen, grausamen, zerstörerischen Seiten und die sexuellen Impulse zu ergründen. Nur wenn man sich diesen Seiten der Persönlichkeit stellt, sich mit ihnen auseinander setzt und sie akzeptiert, ist eine Befreiung möglich.

... im Umgang mit anderen Sich aus dem Teufelskreis von Abhängigkeiten, leidenschaftlichen Verstrickungen und den dadurch verursachten Leiden entschlossen lösen.

... im Arbeitsbereich Einer rein materialistisch-finanziellen Haltung abschwören, die letztlich zu Bestechlichkeit, Abhängigkeit und Machtkämpfen führt.

Was ist zu vermeiden? Machtmissbrauch, Abhängigkeiten, Tyrannei, Zwanghaftigkeiten, Kontrollverhalten, Verdrängung, andere Menschen hintergehen.

Bildsymbolik In der Gewalt des Herrn der Finsternis stehen die mit Angst erfüllten Liebenden gefesselt und der übergroßen Macht ausgeliefert. *Astrologische Zuordnung*: Zeichen: Steinbock, Element: Erde, Planet: Saturn.

XVI Der Turm

Traditionelle Bedeutung Prüfung, Erkenntnis, Befreiung, Freiheit, Durchbruch, Umbruch, Bewusstsein, Aufbruch, Katastrophe, Bewusstseinsveränderung.

Worum geht es? Um Zusammenbruch, um die Zerstörung und Erneuerung alter Gewohnheiten, Formen, Wertvorstellungen, Verhaltensweisen und um die Auflösung festgefahrener Situationen.

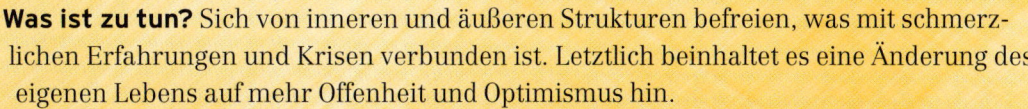

Was ist zu tun? Sich von inneren und äußeren Strukturen befreien, was mit schmerzlichen Erfahrungen und Krisen verbunden ist. Letztlich beinhaltet es eine Änderung des eigenen Lebens auf mehr Offenheit und Optimismus hin.

... im Umgang mit anderen Sich Konflikten, Auseinandersetzungen, heftigen Emotionen stellen. Dies führt zu einer realistischen, klaren und ungeschminkten Sicht der Dinge. Wieder aufbrechende Probleme nicht länger beiseite schieben.

... im Arbeitsbereich Sich mit plötzlichen, unliebsamen Veränderungen und Überraschungen auseinander setzen. Bisherige Sicherheiten infrage stellen und neu diskutieren; flexibel sein.

Was ist zu vermeiden? Selbstzerstörung, Gewalt, Kontrolle, Engstirnigkeit, Illusionen, blockierte Energie, Unsicherheit, Festhalten an alten Verhaltensmustern, Sicherheitsstreben.

Bildsymbolik Ein Blitz verursacht plötzlich ein Feuer und zerstört die stabile Festung. *Astrologische Zuordnung:* Planet: Uranus.

XVII Der Stern

Traditionelle Bedeutung Schönheit, Freude, Heilung, Vollkommenheit, Licht, Glück, Selbstvertrauen, Enthusiasmus, Reinheit, Wahrheit, Ganzheit, Kraft, Lebenswille, Optimismus.

Worum geht es? Um Hoffnung, um das richtige Gespür und Verständnis für künftige weit reichende Entwicklungen.

Was ist zu tun? Hoffnung, Ruhe und Zuversicht einkehren lassen. Die nötige Kraft und Klarheit für einen künftigen Neubeginn aufbringen. Vertrauen entwickeln und innere Reserven mobilisieren.

... im Umgang mit anderen Offenherzig, verständnisvoll und vorurteilslos auf andere Menschen zugehen und sich auf sie einlassen. Zu einer neuen, glücklichen, leidenschaftlichen Verbindung bereit sein.

... im Arbeitsbereich Zukünftige Möglichkeiten nutzen und neue Ziele, neue Arbeitsmöglichkeiten anstreben. Gute Verhandlungschancen nutzen. Auf dauerhaften Erfolg, auf Erfüllung der Träume setzen.

Was ist zu vermeiden? Selbstzufriedenheit, Hoffnungslosigkeit, Mangel an Vertrauen, Unsicherheit, Ignoranz, Überheblichkeit.

Bildsymbolik Nackt, natürlich und hingebungsvoll wird die Erde mit Wasser getränkt – in Aussicht auf eine fruchtbare Zukunft. *Astrologische Zuordnung:* Zeichen: Wassermann, Element: Luft, Planet: Uranus.

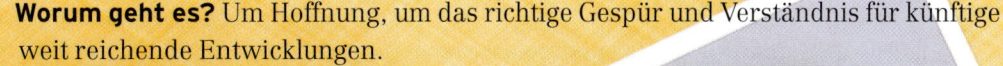

XVIII Der Mond

Traditionelle Bedeutung Träume, Ahnungen, Intuition, Magie, Vision, Illusion, Unbewusstes, Einfühlungsvermögen, Sehnsüchte, Irrwege, Verführung, Geheimnis, Phantasie, Ängste, Unsicherheit, Grenzerfahrung, Hinter- und Tiefgründiges.

Worum geht es? Um Abgründe, um die Einsicht in die Tiefen unseres Selbst und die Macht des Unterbewusstseins. Um die Konfrontation und die Begegnung mit den Bildern unserer Träume, unseren Ängsten und Sehnsüchten.

Was ist zu tun? Die dunklen Tiefen der Seele ergründen und sich mutig der Begegnung mit den (Alp-) Träumen, Abgründen, Gefühlen und Sehnsüchten stellen.

... im Umgang mit anderen Zur eigenen Unsicherheit, Verwirrheit, Verletzung und zu den inneren Ängsten und Sehnsüchten stehen.

... im Arbeitsbereich Abwarten und Hoffen. Sich nicht hinters Licht führen oder irritieren lassen.

Was ist zu vermeiden? Lügen, Täuschungsmanöver, Verwirrung, Stillstand, Feigheit, Launen, Überheblichkeit, Verdrängung, Unbeständigkeit, Chaos, Illusionen.

Bildsymbolik Die Urinstikte wenden sich dem Mond zu, der die goldene Farbe der Sonne spiegelt. Aus der Tiefe des Wassers steigt altes, vergessenes Wissen empor. *Astrologische Zuordnung:* Planet: Mond.

XIX Die Sonne

Traditionelle Bedeutung Lebensbejahung, Hoffnung, Freiheit, Tatkraft, Vitalität, Energie, Licht, Freude, Naivität, Glück, Fülle, Offenheit, Fruchtbarkeit, Optimismus, Großzügigkeit, Vertrauen, Glanz.

Worum geht es? Um Klarheit, um den Glauben, um das Vertrauen und die Zuversicht zu sich selbst. Um die Einsicht in die wesentlichen Dinge im Leben. Um Zukunftsvisionen, Freiheit und Selbsterkenntnis.

Was ist zu tun? Die Sonnenseite, die Schönheit und Fülle des Lebens wahrnehmen und mit Freude genießen. Mit Zuversicht, Mut und Selbstvertrauen zeigen, was man kann und dadurch Schwierigkeiten und Hindernisse im Leben überwinden.

... im Umgang mit anderen Sich von seiner offenen, unbekümmerten, kontaktfreudigen Seite zeigen. Lebendige, liebevolle, bereichernde Begegnungen und Partnerschaften genießen.

... im Arbeitsbereich Altes hinter sich lassen und für die Zukunft Neues planen. Selbstbewusst, selbstständig und konkret handeln.

Was ist zu vermeiden? Größenwahn, Selbstüberschätzung, Arroganz, Willenlosigkeit, Angst vor Veränderung, Gedankenlosigkeit, Hilflosigkeit, Pessimismus

Bildsymbolik Sorglos erfreut sich das Kind an der Wärme und der blühenden Natur des Sommers. Es reitet sicher, ohne sich festhalten zu müssen, auf einem weißen Pferd und schwingt froh die Fahne. *Astrologische Zuordnung:* Zeichen: Löwe, Element: Feuer, Planet: Sonne.

XX Gericht

Traditionelle Bedeutung Rückschau, Ernte, Reife, Erneuerung, Leben, Erlösung, Einsicht, Veränderung, Entwicklung, Wandlung, Wachstum, Freiheit, Selbstentfaltung.

Worum geht es? Um Befreiung, um erfolgreiche Bewältigung von Problemen. Um Loslassen und Befreiung von allen Begrenzungen und Hemmungen. Um freie Entfaltung und Selbstwerdung.

Was ist zu tun? Die Bereitschaft aufbringen, notwendige Veränderungen der äußeren Lebensumstände zu akzeptieren und starre, eingefahrene Formen zu überwinden.

... im Umgang mit anderen Freie und trotzdem in Verbundenheit Reichtum und Glück in Beziehungen erleben. Wenn man die Vergangenheit bewältigt hat, versandete Beziehungen wieder aufleben lassen.

... im Arbeitsbereich Neue Konzepte entwickeln und mit Zuversicht unbekannte Dinge erproben. Entscheidende Veränderungen und Lösungen von Problemen anstreben.

Was ist zu vermeiden? Angst und Zweifel, Schuldgefühle, Versagensangst, Apathie, Hemmungen, Uneinsichtigkeit, Mutlosigkeit, Kontrolle, Unberechenbarkeit.

Bildsymbolik Der von Gott gesandte Engel erweckt die, die in ihren Gräbern ruhten, mit lautem Trompetenschall. Ein neues Leben beginnt. *Astrologische Zuordnung:* Planeten: Merkur und Pluto.

XXI Die Welt

Traditionelle Bedeutung Vollständigkeit, Rückkehr, Wiederbelebung, Ausgeglichenheit, Verantwortung, Erfolg, Selbsterkenntnis, Synthese, Heilung, Glück, Sinnfindung.

Worum geht es? Um Ganzheit, um die Verwirklichung und Erfüllung bisheriger Pläne, um das Einfahren der Ernte, den Lohn der Mühe. Um neuen Antrieb, um Impulse für die Weiterentwicklung, um Entfaltung und Vervollkommnung der Persönlichkeit. Um das Glück, zur richtigen Zeit am richtigen Ort zu sein.

Was ist zu tun? Obwohl das Ziel erreicht ist, offen bleiben für neue Erfahrungen und für einen neuen Anfang. Aufgeschlossen und unerschrocken auf alles Unbekannte zugehen.

... im Umgang mit anderen Tiefes Verständnis und Freude genießen; Zufriedenheit und Glück mit anderen erleben.

... im Arbeitsbereich Nichts! Das Ziel ist erreicht. Endgültiger, erfolgreicher, zufrieden stellender Abschluss.

Was ist zu vermeiden? Erstarrung, Verantwortungslosigkeit, Faulheit, Pessimismus, Misstrauen, Angst, Missmut, Unzufriedenheit, Unentschlossenheit, Ungeduld.

Bildsymbolik In der Vollendung des Kranzes, gehalten von den vier magischen Kräften, wird kunstvoll getanzt. *Astrologische Zuordnung:* die vier Elemente, Feuer, Erde, Wasser und Luft.

Die Kleinen Arkana

Die Bilder der Kleinen Arkana beschreiben alle wichtigen Begebenheiten, mit denen wir es im Laufe eines Lebens zu tun haben: gewöhnliche Alltagserlebnisse, Ereignisse, Gefühlszustände, Liebe, Erfüllung, Enttäuschung, Gewinn und Verlust. Auch hier ist die astrologische Zuordnung wie bei den Großen Arkana nicht eindeutig herzustellen.

As der Stäbe

Traditionelle Bedeutung Energie, Kraft, Elan, Schwung, Kreativität, Begeisterung, Freude, Ideen, Imagination, Mut, Vitalität, Aktivität, Impulsivität, Vertrauen.

Worum geht es? Um mit Mut, Selbstvertrauen, Zuversicht und Kraft ein bestimmtes Ziel, eine Idee oder einen Plan zu verfolgen. Um innere Freude und Unruhe, die zum Handeln antreiben. Um konkrete Ergebnisse.

Was ist zu tun? Aktiv und initiativ handeln, wenn es darum geht, sich durchzusetzen, etwas zu erreichen oder zu erobern. Gelegenheiten beim Schopf packen, sie sinnvoll nutzen und sein Vorhaben verwirklichen. Den Bogen weiterspannen.

... im Umgang mit anderen Differenzen austragen. Die Chancen zu einem Neuanfang und innerem Wachstum wahrnehmen. Eine lebendige, intensive und lebhafte Partnerschaft erleben.

... im Arbeitsbereich Neue Konzepte und Projekte in Angriff nehmen. Visionen in die Tat umsetzen. Selbstständig Arbeiten und eigene Ideen durchsetzen.

Was ist zu vermeiden? Überaktivität, Kompromisslosigkeit, Unberechenbarkeit, Mutlosigkeit und Feigheit, Unsicherheit, Minderwertigkeitsgefühle, Rücksichtslosigkeit, Selbstüberschätzung, Oberflächlichkeit.

Bildsymbolik Von göttlicher Hand geführt treibt der Stab frisches Grün. *Astrologische Zuordnung:* Element: Feuer.

II der Stäbe

Traditionelle Bedeutung Entscheidung, Abwägen, Gelassenheit, Ruhe, Gleichgültigkeit, Mut, Überzeugung, Engagement.

Worum geht es? Um neue Zielsetzungen, neue Perspektiven, neue Standpunkte. Um Talente und Ideen, um deren Formulierung, Umsetzung und Verwirklichung.

Was ist zu tun? Herausfinden, welche Ziele man erreichen oder verfolgen möchte. Den Mut aufbringen, sich für diese Ziele zu engagieren und zu ihnen stehen.

... im Umgang mit anderen Eine eindeutige Haltung für oder gegen bestimmte Verbindungen einnehmen, aber auch Kompromissbereitschaft signalisieren.

... im Arbeitsbereich Sich aus einer unentschlossenen und zögerlichen Haltung befreien. Sich um ein verantwortliches, entschlossenes Handeln bemühen. Innere Spannungen als Wachstumsreiz begreifen und phantasievoll umsetzen.

Was ist zu vermeiden? Antriebslosigkeit, Trägheit, fehlende Motivation, Konfliktvermeidung, Teilnahmslosigkeit, Unschlüssigkeit, zu große Kompromissbereitschaft, Bequemlichkeit, Selbstgefälligkeit, Oberflächlichkeit.

Bildsymbolik Herrschaftlich im roten Gewand wird Mut demonstriert. Die Weltkugel deutet auf neue Pläne und Herausforderungen hin. *Astrologische Zuordnung:* Planet: Mars.

III der Stäbe

Traditionelle Bedeutung Wachstum, Mut, Optimismus, Erfüllung, Abschluss, Sicherheit, Stärke, Erfolg, Belohnung, Zufriedenheit.

Worum geht es? Um positive, viel versprechende Aussichten. Um sichere Ausgangs- und Startpositionen. Um einen günstigen Verlauf der Dinge.

Was ist zu tun? Hoffnungsvoll und erwartungsfroh in die Zukunft blicken. Gleichzeitig neue Ziele in Betracht ziehen. Alternative Ideen und Perspektiven entwickeln.

... im Umgang mit anderen Zusammen Pläne für eine gemeinsame, freudvolle Zukunft schmieden. Sich gegenseitig unterstützen und Mut machen. Einander liebe- und vertrauensvoll begegnen.

... im Arbeitsbereich Für neue, gute Verbindungen offen sein und sie nutzen. Entscheidungen selbstsicher und souverän treffen. Sich eine solide Basis, finanziellen Erfolg und erfolgreiche Arbeit sichern und ausbauen.

Was ist zu vermeiden? Stillstand, Verantwortungslosigkeit, Uneinsichtigkeit, Größenwahn, Übertreibungen, Selbstüberschätzung.

Bildsymbolik Das kräftige Rot des Umhangs weist auf Tatendrang hin. Mit Erwartung beobachtet der Mann die nahenden und vorbeifahrenden Schiffe in der Ferne. *Astrologische Zuordnung:* Element: Feuer, Planet: Merkur.

IV der Stäbe

Traditionelle Bedeutung Freude, Vertrauen, Anerkennung, Belohnung, Erfolg, Harmonie, Optimismus, Vergnügen, Unbeschwertheit.

Worum geht es? Um die Offenheit und Bereitschaft, den Herausforderungen des Lebens mit Selbstvertrauen, Zuversicht und lebensbejahend zu begegnen.

Was ist zu tun? Mit Dankbarkeit und Freude an den alltäglichen Dingen des Lebens teilnehmen. Trotz reicher Belohnung Stillstand vermeiden, um sich nicht selbst in seiner weiteren Entwicklung zu blockieren.

... im Umgang mit anderen Das harmonische, entspannte Zusammensein und glückliche, zufriedene Zeiten in vollen Zügen genießen. Günstige Gelegenheiten für Unternehmungen und Gruppenaktivitäten ergreifen. Sich selbst und anderen etwas gönnen.

... im Arbeitsbereich Vorteile und Unterstützung durch andere annehmen. Mit Selbstvertrauen, Zuversicht und Mut nach kreativen Ausdrucksformen suchen. Sich neuen, fortschrittlichen Aufgaben und Zielen zuwenden.

Was ist zu vermeiden? Unsicherheit, Lustlosigkeit, Undankbarkeit, Leichtsinn, Unzuverlässigkeit, Mutlosigkeit, Desinteresse, Unzufriedenheit, Verschwendung.

Bildsymbolik Ein Ziel ist erreicht. Fröhlich und dankbar wird blumenschwenkend der Erfolg gefeiert. *Astrologische Zuordnung:* Element: Feuer, Planet: Venus.

V der Stäbe

Traditionelle Bedeutung Wettstreit, Hindernisse, Widerstände, Prüfungen, Schwierigkeiten, Konflikte, Konkurrenz,
Begrenzung.

Worum geht es? Um innere Spannungen und äußere Herausforderungen.

Was ist zu tun? Sich mutig den anstehenden Auseinandersetzungen und Problemen stellen. Einen Wettstreit austragen und
ihn durchhalten, auch wenn es sehr anstrengend sein kann.

... im Umgang mit anderen Differenzen austragen und trotzdem zu
Kompromissen bereit sein. Streit und Versöhnung in lebendigen
Beziehungen als etwas ganz Normales akzeptieren.

... im Arbeitsbereich Sich anstrengen, behaupten, verteidigen. Konflikt- und Kampfbereitschaft signalisieren. Sich für
eigene Interessen stark machen und dafür kämpfen. An seinen Zielen und Visionen festhalten.

Was ist zu vermeiden? Apathie, Trägheit, Versagensangst, kampflos aufgeben, Opportunismus, Betrug, Depressionen,
Übertreibungen, aggressive Auseinandersetzungen.

Bildsymbolik Im kämpferischen Spiel setzt der Einzelne seine ganze Kraft ein, um den Sieg davonzutragen.
Astrologische Zuordnung: Zeichen: Löwe, Element: Feuer, Planet: Sonne.

VI der Stäbe

Traditionelle Bedeutung Sieg, Triumph, Würdigung, Anerkennung, Belohnung, Beifall, Befriedigung, Erfolg, Glück,
Fülle, Selbstvertrauen, Beförderung.

Worum geht es? Um die Überwindung von Schwierigkeiten, Widrigkeiten und Hindernissen. Um das
Anstreben und Erreichen neuer Ziele. Um die Anerkennung und Belohnung von
Bemühungen, Anstrengungen, Verzicht und Opfern.

Was ist zu tun? Überzeugt sein von sich, seinen Fähigkeiten und seiner Leistung.
Zu einer optimistischen, positiven, zufriedenen Lebenseinstellung finden.

... im Umgang mit anderen Das eigene Vertrauen schenken und das Vertrauen
anderer gewinnen. Lebendige und glückliche Beziehungen genießen. Bedeutsame
Begegnungen für sich fruchtbar machen, Chancen zu innerer und äußerer Entwik-
klung erkennen und nutzen.

... im Arbeitsbereich Neue, aussichtsreiche, repräsentative Führungspositionen ohne
Zögern annehmen. Vorbild für andere Menschen sein, sie motivieren und ihre Bega-
bung fördern.

Was ist zu vermeiden? Prahlerei, Untätigkeit, Schwäche, Faulheit, die Hände in den
Schoß legen, übermäßiges Geltungsbedürfnis, Arroganz und Überheblichkeit.

Bildsymbolik Der Sieg ist errungen. Einer hat sich besonders hervorgetan. Er trägt den
Siegerkranz und hält triumphierend den geschmückten Stab. *Astrologische Zuordnung:*
Planet: Jupiter.

VII der Stäbe

Traditionelle Bedeutung Wettstreit, Konfrontation, Herausforderung, Verteidigung, Widerstand, Mut, Tapferkeit, Entschlossenheit, Konkurrenzkampf, Konfliktbereitschaft.

Worum geht es? Um die Bereitschaft, den Kampf als Mittel der Auseinandersetzung anzunehmen. Um den Willen, eigene Vorstellungen zu verteidigen.

Was ist zu tun? Sich Herausforderungen, der Konkurrenz, Angriffen und Feindseligkeiten stellen. Engagiert kämpfen, seinen Erfolg verteidigen oder sich für eine Sache einsetzen. An sich glauben und auf der Hut sein.

... im Umgang mit anderen Probleme in zwischenmenschlichen Beziehungen klären, ganz besonders, wenn andere Menschen einem herausfordernd begegnen. Auseinandersetzungen austragen und durchstehen.

... im Arbeitsbereich Konfliktbereitschaft signalisieren. Klar und eindeutig handeln, weder aufgeben noch resignieren. Eigene Wege gehen. Konflikte als Ansporn betrachten.

Was ist zu vermeiden? Rücksichtslosigkeit, Zerstörungswut, Willkür, Härte, Unbeweglichkeit, Mutlosigkeit, Unentschlossenheit, verbissen zu kämpfen.

Bildsymbolik Vital und entschlossen zeigt sich der kräftige junge Mann zum Kampf bereit. Er hält den Stab in Abwehrhaltung gerüstet zum Zweikampf.

Astrologische Zuordnung: Planet: Mars.

VIII der Stäbe

Traditionelle Bedeutung Aktivität, Bewegung, Veränderung, Glück, Energie, Erfolg, Vertrauen, Begeisterung, Mut, Optimismus, Engagement.

Worum geht es? Um rasche Entwicklung und Ergebnisse. Um neue Impulse, Fortschritt und Erfolg. Um kreative Phasen und ungehinderte Entfaltung des eigenen Kraftpotenzials.

Was ist zu tun? Sich öffnen für Ideen und Impulse von außen. Engagiert, mutig und rasch Entscheidungen treffen.

... im Umgang mit anderen Wach und bereit sein für plötzliche, spontane, intensive, stürmische Beziehungen. Konfliktbereitschaft signalisieren und dazu stehen.

... im Arbeitsbereich Initiative ergreifen und wichtige Projekte vorantreiben. Vorschläge unterbreiten; schnelle und kluge Lösungen finden. Schwungvoll an neue Aufgaben herangehen.

Was ist zu vermeiden? Langeweile, Starrheit, Festhalten, Unsicherheit, Zweifel, Frustrationen, Hoffnungslosigkeit, Unbeweglichkeit, Ärger und Streit.

Bildsymbolik Pfeilschnell sausen die Stäbe zielgerichtet über das freie Land. Das keimende Grün zeugt von Kreativität. *Astrologische Zuordnung:* Zeichen: Schütze, Element: Feuer, Planet: Jupiter.

IX der Stäbe

Traditionelle Bedeutung Widerstand, Abwehr, Verteidigung, Herausforderung, Streit, Erschöpfung, Verschlossenheit, Bedrohung, Angst, Verletzung.

Worum geht es? Um Prüfungen, Hindernisse und Widerstände im Leben, mit denen es fertig zu werden gilt. Um die Angst vor Niederlagen, um schmerzliche Erfahrungen und Verlust.

Was ist zu tun? Kraftreserven mobilisieren und sich unerschrocken den Hindernissen stellen.Bisherige Einstellungen überprüfen und zu anderen, neuen Einsichten kommen.

... im Umgang mit anderen Abwehrhaltung aufgeben und inneren Frieden, Reife und Gelassenheit finden. Sich emotional öffnen, Gefühle zeigen und eigenen Bedürfnissen Ausdruck verleihen. Sich neuen Erfahrungen und Entwicklungen nicht von vornherein verschließen.

... im Arbeitsbereich Trotz großen Drucks Ausdauer beweisen, durchhalten und neue Hoffnung schöpfen.

Was ist zu vermeiden? Misstrauen, Strenge, Verbitterung, Zwanghaftigkeiten, Verbissenheit, Unnachgiebigkeit, Unbeweglichkeit, Sturheit.

Bildsymbolik Verletzt und geschwächt kehrt der Kämpfer heim. Erschöpft schaut er nach oben. Doch das frische Grün im Hintergrund gibt Hoffnung. *Astrologische Zuordnung:* Planet: Saturn im siebten Haus.

X der Stäbe

Traditionelle Bedeutung Niedergeschlagenheit, Sorgen, Probleme, Erschöpfung, Überlastung, Niederlage, Auseinandersetzungen, Schwierigkeiten, Unterdrückung, Überanstrengung.

Worum geht es? Um das Gefühl der Ausweglosigkeit, der Überforderung und sich zu verausgaben. Um Belastungen und Verpflichtungen, die einem über den Kopf wachsen. Um das Empfinden, alles zu schwer, zu ernst und zu wichtig zu nehmen.

Was ist zu tun? Lernen, Versagensängste zu überwinden. Bestimmte Verpflichtungen abgeben, Verantwortung delegieren. Zeit für sich nehmen, Kraft sammeln und eigene Energiereserven mobilisieren, um zur ursprünglichen Lebensfreude zurückzufinden.

... im Umgang mit anderen Sich selbst als wichtig erleben, sich nicht ausnützen lassen. Sich aus Abhängigkeiten lösen.

... im Arbeitsbereich Eigene Grenzen erkennen, Arbeiten delegieren. Neue Aufgaben und neues, Sinn stiftendes Betätigungsfeld suchen.

Was ist zu vermeiden? Auf Sicherheit setzen, sich an das Erreichte klammern, Kontrolle, innere Zerrissenheit, Planlosigkeit, Hoffnungslosigkeit, Stress, Angst, Depression.

Bildsymbolik Unter der schweren Last, die der Mann zu tragen hat, ist der Gang beschwerlich. Doch bald ist er zu Hause. *Astrologische Zuordnung:* Planet: Saturn.

Bube der Stäbe

Traditionelle Bedeutung Chancen, Begeisterungsfähigkeit, Idealismus, Aufgeschlossenheit, Mut, Neuanfang, Zukunft, Studium, Kreativität, Optimismus, Freude, Unruhe.

Worum geht es? Um neue Ideen, Impulse und Projekte. Um Möglichkeiten und Chancen, die einen Entwicklungsprozess in Gang setzen.

Was ist zu tun? Mit offenen Augen durch die Welt gehen. Gelegenheiten zu schönen Erlebnissen wahrnehmen. Das Bedürfnis, Erfahrungen zu sammeln, zur Geltung kommen lassen. Dem Verlangen nach Freiheit und Ungebundenheit sowie seinen Visionen und Träumen nachgeben.

... im Umgang mit anderen Hilfe und Anstöße von außen annehmen. Sich für neue, interessante, prickelnde Begegnungen aufgeschlossen zeigen.

... im Arbeitsbereich Mit Begeisterung und Schwung neue Ziele anstreben; trotzdem versuchen, die Dinge richtig einzuschätzen, und mehrere Möglichkeiten in Erwägung ziehen.

Was ist zu vermeiden Passivität, Sprunghaftigkeit, Übertreibungen, Unentschlossenheit, Scheuklappen, negative Gedanken, Ängstlichkeit, Unzufriedenheit, Intoleranz, Scheinheiligkeit, Unaufrichtigkeit.

Bildsymbolik Neugierig und mit Interesse schaut der junge Mann auf das neue Grün. Er ist überzeugt von seinen Ideen. *Astrologische Zuordnung:* Die Planeten Merkur und Mond im Element Feuer.

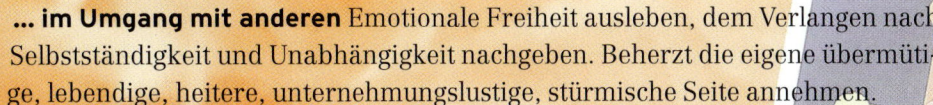

Ritter der Stäbe

Traditionelle Bedeutung Bewegung, Aktion, Herausforderung, Impulsivität, Spontaneität, Kreativität, Phantasie, Übermut, Lebensfreude, Ehrgeiz, Naivität, Veränderung.

Worum geht es? Um die Suche nach immer neuen, interessanten Aufgaben, Erfahrungen und anspornenden Herausforderungen.

Was ist zu tun? Mit Zuversicht, schöpferischer Energie, Dynamik und Enthusiasmus auf neue Situationen zugehen. Sich aus seinem vertrauten Umfeld lösen, auf Reisen gehen, und/oder sich in ein Abenteuer stürzen.

... im Umgang mit anderen Emotionale Freiheit ausleben, dem Verlangen nach Selbstständigkeit und Unabhängigkeit nachgeben. Beherzt die eigene übermütige, lebendige, heitere, unternehmungslustige, stürmische Seite annehmen.

... im Arbeitsbereich Seine Ziele direkt ansteuern; sich beruflich engagieren und risikobereit, kreativ und entschlossen handeln. Den Konkurrenzkampf annehmen.

Was ist zu vermeiden? Zügelloser Übermut, Rücksichtslosigkeit, Unzuverlässigkeit, zu große Erwartungshaltung, Übertreibungen, Zerstörungswut, gereizte und aggressive Stimmung, Affekthandlungen.

Bildsymbolik Die feurigen Farben der Kleidung unterstreichen sein Temperament. Wagemutig gehts voran, unbeirrt der Gefahren. *Astrologische Zuordnung:* Element: Feuer, Planet: Mars.

Königin der Stäbe

Traditionelle Bedeutung Willensstärke, Kreativität, Selbstständigkeit, Selbstsicherheit, Optimismus, Lebensfreude, Loyalität, Beharrlichkeit, Unabhängigkeit.

Als Person Die Begegnung mit einer leidenschaftlichen, temperamentvollen, lebensfreudigen, natürlichen, aufrichtigen, mutigen, entschlossenen, phantasievollen, durchsetzungsfähigen Frau.

Worum geht es? Um die Entwicklung einer tiefen inneren Sicherheit. Um Natürlichkeit, Warmherzigkeit, Überzeugung und Stärke.

Was ist zu tun? Das Leben selbstbewusst, stolz, optimistisch, kreativ und willensstark in die eigene Hand nehmen. Sich mit ganzer Kraft auf das Wesentliche konzentrieren.

... im Umgang mit anderen Sexuelle Energie und Leidenschaft erfahren und genießen. Anderen voller Vertrauen, Offenheit, Großzügigkeit und Sinnlichkeit begegnen. Gefühle, Wärme und Lebendigkeit äußern.

... im Arbeitsbereich Aktiv, kreativ, eigenständig und unabhängig seinen beruflichen Weg gehen. Selbstbewusst seine Pläne durchsetzen.

Was ist zu vermeiden? Anmaßendes Verhalten, Reizbarkeit, Herzlosigkeit, Eifersucht, Selbstüberschätzung, Kritikempfindlichkeit, Oberflächlichkeit, übertriebenes Geltungsbedürfnis, Unsicherheit und Selbstzweifel.

Bildsymbolik Die souveräne, majestätische Haltung zeugt von Entscheidungskraft und Durchsetzungswillen. Die schwarze Katze ist ein Hinweis auf magisches Wissen. *Astrologische Zuordnung:* Der Planet Mond im Element Feuer.

König der Stäbe

Traditionelle Bedeutung Reife, Aktivität, Dynamik, Macht, Geschäftstüchtigkeit, Erfolg, Enthusiasmus, Tatendrang, Großzügigkeit, Selbstvertrauen, Entschlossenheit, Energie, Lebensfreude.

Als Person Die Begegnung mit einem optimistischen, ehrgeizigen, großzügigen, positiven, dynamischen, leidenschaftlichen, ungeduldigen, willensstarken, unternehmungslustigen Mann.

Worum geht es? Um die Lust nach Abenteuern, aber auch um die Fähigkeit, eigene Ideen und Visionen durchzusetzen.

Was ist zu tun? Sich souverän und direkt den Herausforderungen und Konflikten stellen. Ohne Umschweife zur Sache kommen. Sich von Beschränkungen und Kleinlichkeiten freimachen.

... im Umgang mit anderen Anderen gegenüber vorbildlich und selbstbewusst sein. Sie beschützen, verteidigen, für sie verantwortlich sein. Sie motivieren und überzeugen.

... im Arbeitsbereich Agieren statt reagieren. Kraftvoll und sozial engagiert Führungsposition übernehmen.

Was ist zu vermeiden? Rechthaberei, Intoleranz, Machthunger, Engstirnigkeit, Schwäche, cholerisches und rechthaberisches Verhalten, Unsicherheit, Wichtigtuerei.

Bildsymbolik Seine Haltung deutet auf Wachheit und Weitblick hin. Der zurückgeschlagene Umhang zeugt von Aktivität und Handlungswillen. *Astrologische Zuordnung:* Zeichen: Löwe, Element: Feuer, Planet: Sonne.

As der Schwerter

Traditionelle Bedeutung Vernunft, Erkenntnis, Willenskraft, Entscheidungskraft, Stärke, Wahrheit, Weisheit, Gerechtigkeit, Aufrichtigkeit, Intellekt, Analyse, Logik.

Worum geht es? Um Konflikte und Spannungen, die durch Ideen hervorgerufen werden. Um die Einsicht, dass Konfrontationen manchmal notwendig sind, um Veränderungen im Leben herbeizuführen. Um den Durchbruch zu einer Lösung.

Was ist zu tun? Überlegt, ausdauernd und leistungsfähig handeln. Mit klarem Verstand und einer nüchternen, wirklichkeitsnahen Betrachtung Probleme in Angriff nehmen und sie lösen.

... im Umgang mit anderen Bereitschaft zur Auseinandersetzung zeigen. Diskutieren und nach Abwägen der Argumente einen eindeutigen, ausgereiften Standpunkt einnehmen.

... im Arbeitsbereich Nach kluger und kritischer Analyse Entscheidungen rational und wohlüberlegt treffen. Eigene Ideen verteidigen, Prioritäten setzen und sich anderen gegenüber klar abgrenzen.

Was ist zu vermeiden? Unentschlossenheit, Streit, Misstrauen, Aggressionen, Illusionen, Untätigkeit, Verwirrtheit, Probleme unter den Tisch kehren, Konfliktvermeidung.

Bildsymbolik Durch göttliche Fügung wird dem Wissen und der Weisheit die mit dem Grün zur Siegerehrung geschmückte goldene Krone dargeboten. Sie ist ein Symbol für den Triumph über Ungerechtigkeit und Dummheit.
Astrologische Zuordnung: Element: Luft.

II der Schwerter

Traditionelle Bedeutung Probleme, Zweifel, Lähmung, Unbeweglichkeit, Labilität, Spannungen, Anspannung und Angst, Traurigkeit.

Worum geht es? Um die Schwierigkeit, eigene Emotionen auszudrücken und über Gefühle zu sprechen. Um die Spannungen zwischen Aktivität und Passivität, zwischen Gefühl und Verstand. Um das Problem, sich Konflikten zu verweigern oder zu entziehen.

Was ist zu tun? Die Augen öffnen und die nackten Tatsachen ungeschminkt zur Kenntnis nehmen. Den Mut zum Handeln aufbringen, um eine Veränderung zu bewirken.

... im Umgang mit anderen Konflikte nicht länger aus dem Weg gehen. Emotionalen Widerstand, Verzagtheit aufgeben und Mut fassen, wieder auf andere Menschen zugehen.

... im Arbeitsbereich Bei schwierigen Verhandlungen und wichtigen Gesprächen Unentschlossenheit und Passivität überwinden. Sich mutig neuen Aufgabenbereichen stellen.

Was ist zu vermeiden? Angst, Selbstbetrug, Täuschung, Labilität, Spannungen, Betrug, Oberflächlichkeit, Unverbindlichkeit, Flucht ins Rationale.

Bildsymbolik Der Mond deutet darauf hin, dass es um Emotionen geht. Die verbundenen Augen der Frau symbolisieren ihre einstweilige Blindheit und Unfähigkeit zu handeln. *Astrologische Zuordnung:* Zeichen: Zwillinge, Element: Luft, Planet: Merkur.

III der Schwerter

Traditionelle Bedeutung Traurigkeit, Schmerz, Kummer, Verlust, Schwermut, Auseinandersetzung, Trennung, Verletzung, Enttäuschung.

Worum geht es? Um tiefe Verletzungen und Enttäuschungen. Um einen schweren emotionalen Konflikt, der zum Ausbruch gekommen ist und jetzt bewältigt werden muss.

Was ist zu tun? Kummer und Auseinandersetzungen weder scheuen noch verdrängen. Schmerzliche Erfahrungen als für den Entwicklungsprozess wichtig anerkennen.

... im Umgang mit anderen Enge persönliche Bindungen überprüfen, damit sämtliche Belastungen und Spannungen deutlich werden. Angst vor Zurückweisung und Liebesentzug überwinden. Sich unausweichlichen Meinungsverschiedenheiten und notwendigen Auseinandersetzungen furchtlos stellen.

... im Arbeitsbereich Trotz schwieriger Umstände sich einer klaren Entscheidung durchringen. Endgültige, wirklich befriedigende Lösungen statt nur bessere Möglichkeiten beginnen sich abzuzeichnen.

Was ist zu vermeiden? Feindschaft, Auseinandersetzung, Arroganz, Streit, Affekthandlungen, Ausflüchte, Selbsttäuschung, Konfliktvermeidung.

Bildsymbolik Das durchbohrte Herz ist verwundet. Selbst der Himmel trauert. Die dunklen Wolken weinen sich aus. *Astrologische Zuordnung:* Die Planeten Mond und Mars im Element Luft.

IV der Schwerter

Traditionelle Bedeutung Ruhe, Zurückgezogenheit, Selbstprüfung, Reflexion, Neuorientierung, Besinnung, Erschöpfung, Einsamkeit.

Worum geht es? Um den Rückzug aus der äußeren Welt. Um die Bereitschaft, Klarheit über die Vergangenheit zu gewinnen und notwendige Veränderungen vorzunehmen.

Was ist zu tun? Sich in Abgeschiedenheit und Stille zurückziehen. Meditieren und reflektieren, um im Einklang mit sich selbst und seiner Umwelt zu sein. Dem Körper und der Seele die nötige Erholung und innere Ruhe bieten, um die Lebenskraft wieder zum Fließen zu bringen.

... im Umgang mit anderen Zurückgezogenheit und innere Einkehr als der gegenwärtigen Situation angemessen akzeptieren. Streitigkeiten und Konfrontationen gezielt aus dem Weg gehen.

... im Arbeitsbereich Keine neuen Aktivitäten starten. Innere Reserven mobilisieren, Kraft schöpfen und warten, bis sich neue Möglichkeiten eröffnen.

Was ist zu vermeiden? Aktivität, seine Kräfte vergeuden, Hektik, Flucht, Erlösungswünsche, Illusionen, Unzufriedenheit, Verzweiflung, Resignation.

Bildsymbolik Der Ritter ruht. Er schläft nicht. Er ist ein Mann des Schwertes und befindet sich in einem Stadium der Sammlung und Besinnung. Er weiß, dass auch wieder andere Zeiten anbrechen werden, in denen er seine ganze Kraft benötigt. *Astrologische Zuordnung:* Der Planet Saturn im zwölften Haus.

V der Schwerter

Traditionelle Bedeutung Konflikte, Machtkämpfe, Konfrontationen, Niederlagen, Grenzen, Verlust, Demütigungen, Beschränkungen, Zwänge, Begrenzungen, Verletzungen.

Worum geht es? Um gefährliche, rücksichtslose, gemeine, hinterhältige Auseinandersetzungen und die damit verbundenen Umstände. Um ernstliche Konflikte, Machtkämpfe und Widerstände mit den Mitmenschen und der als feindselig empfundenen Umwelt.

Was ist zu tun? Sich den notwendigen Konfrontationen stellen, ohne Wenn und Aber.

... im Umgang mit anderen Sich von zwanghaften, demütigenden Beziehungen distanzieren und lernen loszulassen und sich zurücknehmen. Vorsichtig sein im Umgang mit der eigenen Macht. Seine Grenzen als etwas natürlich Verfügtes erkennen.

... im Arbeitsbereich Sich seinem Los und seiner Aufgabe stellen. Realistische Möglichkeiten des Machbaren abschätzen. In Bezug auf seine Arbeit umdenken und seine Ziele neu definieren.

Was ist zu vermeiden? Rücksichtslosigkeit, Zerstörung, Gewalttätigkeit, Verbissenheit, Manipulation, Rachsucht, Hinterhältigkeit, Zorn, Hass, Neid, Furcht.

Bildsymbolik Der Sieger verhöhnt die Besiegten und sammelt deren Waffen ein. Dunkle Wolken zeugen von Zwist. *Astrologische Zuordnung:* Planeten: Mars und Saturn.

VI der Schwerter

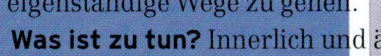

Traditionelle Bedeutung Aufbruch, Veränderung, Abschied, Verunsicherung, Ängste, Qualen, Trauer, Sorgen, aber auch Einsicht, Ruhe und Gelassenheit.

Worum geht es? Um Ablösung, Veränderung, Wandel, Befreiung und Neuorientierung. Um die Notwendigkeit, eigenständige Wege zu gehen.

Was ist zu tun? Innerlich und äußerlich zur Ruhe kommen. Trauer, Kummer und Sorgen hinter sich lassen. Sich mit aller Kraft neuen Erfahrungen, Erlebnissen und noch unbekannten Dimensionen öffnen.

... im Umgang mit anderen Sich von den Erwartungshaltungen anderer freimachen. Versuchen, eigene Absichten und Ziele herauszufinden und sie zu formulieren. Vertrauen in eigene Einsichten und Erkenntnisse entwickeln.

... im Arbeitsbereich Unsicherheit und Selbstzweifel überwinden. Mit innerer Ruhe, Gelassenheit, Offenheit und Vertrauen in die Zukunft sich auf Unbekanntes einlassen.

Was ist zu vermeiden? Ängstlichkeit, Unselbstständigkeit, Depression, Resignation, Zweifel, Unsicherheit, das Festhalten an Gewohntem.

Bildsymbolik In Trauer und Kummer verhüllt und in gebeugter Haltung wird Abschied genommen von sorgenvollen vergangenen Zeiten. Im Neuen, Unbekannten liegt die Hoffnung. *Astrologische Zuordnung:* Der Planet Saturn im vierten Haus.

VII der Schwerter

Traditionelle Bedeutung Geschick, Schläue, Heimlichkeiten, Unaufrichtigkeit, Manipulation, Kälte, Unklarheit und Hinterlist.

Worum geht es? Um fragwürdige, undurchsichtige Ziele, Pläne und Absichten. Um den Versuch, unangenehmen Situationen oder Konfrontationen durch geschickte Ausweichmanöver zu entgehen.

Was ist zu tun? Mit raffinierten, aber ehrlichen Mitteln und Aktionen seine Ziele verfolgen. Begreifen und anerkennen, dass Raffinesse nicht zwangsläufig unmoralisch ist.

... im Umgang mit anderen Weder sich noch andere täuschen oder hintergehen. Offen Farbe bekennen. Aus eigener, selbst gewonnener moralischer Überzeugung handeln.

... im Arbeitsbereich Geschick, Intelligenz, Taktik und Diplomatie einsetzen, um seine Ideen durchzusetzen oder ein Ziel zu erreichen. Bei wichtigen Transaktionen Missverständnisse vermeiden und Vorsicht walten lassen.

Was ist zu vermeiden? Hinterlist, Betrug, Verrat, Bluff, Geschwätzigkeit, Scheinheiligkeit, Intrigen, Unwahrheit, Opportunismus.

Bildsymbolik Heimlich stiehlt der Dieb die wertvollen Waffen des feindlichen Heeres. Auf leisen Sohlen schleicht er sich davon. Nicht im offenen Kampf will er siegen, sondern durch einen Trick und durch Hinterlistigkeit. *Astrologische Zuordnung:* Element: Luft, Planet: Merkur.

VIII der Schwerter

Traditionelle Bedeutung Angst, Krise, Einschränkungen, Hemmungen, Unterdrückung, Isolation, Unentschlossenheit, Hilflosigkeit, Einsamkeit.

Worum geht es? Um bedrückende Gedanken, Angst und Lähmung. Um das Überhören oder Verdrängen eigener Gefühle, Bedürfnisse und Wünsche.

Was ist zu tun? Trotz großer Ängste, Erstarrung und Unentschlossenheit überwinden suchen. Sich zu einer Entscheidung und zur Umsetzung in praktisches Handeln durchringen. Seinen Gefühlen und seinem Verstand gleich viel Aufmerksamkeit zukommen lassen.

... im Umgang mit anderen Eigene Unfreiheiten erkennen. Selbsttäuschung, Ausflüchte, und Hinhaltetaktik vermeiden. Belastende Beziehungen abbrechen, in denen es nicht möglich ist, so zu sein, wie man ist.

... im Arbeitsbereich Sämtliche Umstände klar, objektiv und ungeschminkt zu betrachten. Sich voll und ganz für oder gegen eine Sache entscheiden und dafür die Verantwortung übernehmen.

Was ist zu vermeiden? Verwirrung, Isolation, Depression, Verzweiflung, Resignation, Unzufriedenheit, seelische Verhärtung, Selbstmitleid, innerer Groll.

Bildsymbolik Gefesselt und mit verbundenen Augen steht die in einem leichten Hemd gekleidete Frau fern der schützenden Burg. Verlassen und auf sich gestellt ist sie der Situation vollkommen ausgeliefert. *Astrologische Zuordnung:* Planeten: Mond und Saturn.

IX der Schwerter

Traditionelle Bedeutung Kummer, Niedergeschlagenheit, Einsamkeit, Schuldgefühl, Zukunftsangst, Furcht, Alptraum, Misstrauen, Krankheit, Traurigkeit.

Worum geht es? Um Zukunftsängste, Verlassenheitsängste. Um Angst vor Katastrophen und vor dem Scheitern aller Pläne, vor dem vollständigen Zusammenbruch.

Was ist zu tun? Ängste, Trauer und Verzweiflung zulassen und alles loslassen können. Ursachen erkennen und Klarheit darüber gewinnen. Mit Vernunft und Erkenntnis Schreckensbilder bekämpfen und vertreiben.

… im Umgang mit anderen Schuldgefühle und schwere Gedanken abschütteln und hinter sich lassen. Liebevoller Umgang mit sich und anderen pflegen. Streitigkeiten beenden und sich aussöhnen.

… im Arbeitsbereich Nicht in weiteren Sorgen und Befürchtungen versinken. Nach Lösungen suchen und neuen Mut fassen.

Was ist zu vermeiden? Misstrauen, Verschlossenheit, Depressionen, Isolation, hysterische Reaktionen, Panik, Verzweiflung.

Bildsymbolik Mitten in der dunklen Nacht wacht der Schlafende auf. Bestürzt schlägt er die Hände vor das Gesicht, erschüttert von den schrecklichen Bildern des Alptraums, der ihn heimgesucht hat. Solange er auf seinem Lager ruht, sich seinem Kummer und Schmerz hingibt ohne sich dem Problem zu stellen, wird er keinen Frieden finden.

Astrologische Zuordnung: Planeten: Venus, Mond und Saturn.

X der Schwerter

Traditionelle Bedeutung Abschluss, Ende, Schmerz, Verzweiflung, Erschöpfung, Hoffnungslosigkeit, Enttäuschung, Frustration, Fehlschlag, Desillusionierung.

Worum geht es? Um die schmerzliche und schwierige Erkenntnis, dass man am Ende einer Sache angekommen ist. Um die Möglichkeit, tief sitzende, innere und/oder äußere Konflikte und Probleme zu bearbeiten und zu lösen.

Was ist zu tun? Das Scheitern, die Niederlage oder das Ende ohne Aufbegehren zu akzeptieren.

… im Umgang mit anderen Das schmerzliche Ende, Trennung oder tiefste Krise als Chance zu einer wirklichen Veränderung der Lebensumstände begreifen. Die Chance nutzen, sich mit sich selbst zu konfrontieren, um sich in seinen uneingestandenen Tiefen besser kennen zu lernen.

… im Arbeitsbereich Trotz größter Niederlage gilt es die Krise durchzustehen. Ein neuer Anfang kündigt sich an. Langsam, konzentriert, sorgsam und überlegt an neue Aufgaben herangehen.

Was ist zu vermeiden? Destruktivität, Hoffnungslosigkeit, Schwermut, Resignation, Verlust von Lebenskraft und Lebensfreude.

Bildsymbolik Niedergestreckt und grausamst durchbohrt liegt der Krieger. Der Kampf ist vorbei. *Astrologische Zuordnung:* Planet: Saturn.

Bube der Schwerter

Traditionelle Bedeutung Neugierde, Aufgewecktheit, Unruhe, Flexibilität, Wandlungs- und Anpassungsfähigkeit, auch Klatsch, Ungezogenheit und Aufdringlichkeit.

Worum geht es? Provokation, Streit, Neugierde und scharfe Kritik. Um die Entdeckung neuer Ideen und Visionen.

Was ist zu tun? Die Bereitschaft zu entwickeln, sich mit allem auseinander zu setzen, was auf einen zukommt. Eigenständig und unabhängig denken lernen.

... im Umgang mit anderen Sich den Angriffen, der Kritik, dem Klatsch, dem Tratsch und den Anfeindungen aus der Umwelt stellen. Andere nicht unnötig provozieren. Seine Energie nicht in sinnlosen Wortgefechten oder Kräfte zehrenden Aktivitäten vergeuden.

... im Arbeitsbereich Eigene Ideen und Überzeugungen anderen nicht aufzwingen. Probleme spielerisch, geschickt und mit Diplomatie lösen.

Was ist zu vermeiden? Schwatzhaftigkeit, Neid, Missgunst, Streitsucht, Boshaftigkeiten, üble Nachrede, Spott, Grobheit, Fahrlässigkeit, Unvorsichtigkeit, überzogenes Selbstwertgefühl.

Bildsymbolik Ein stürmischer Wind lässt das Haar des Buben wehen. Doch gegen jegliche Unbill gewappnet hält er das Schwert hoch – trotzig und bereit zu kämpfen. *Astrologische Zuordnung:* Element: Luft, Planet: Merkur.

Ritter der Schwerter

Traditionelle Bedeutung Eifer, Mut, Scharfsinn, Unruhe, Streit, Konflikte, Sprunghaftigkeit, Vielseitigkeit, Unbeständigkeit.

Worum geht es? Um innere Unruhe, äußere Veränderungen und Probleme. Um impulsives, ungeduldiges Denken und Handeln.

Was ist zu tun? Neuen Entwicklungen offen gegenüber stehen: Sich auf Veränderungen und Turbulenzen einlassen. Krisen als Chance zur Weiterentwicklung betrachten.

... im Umgang mit anderen Beziehungen nüchtern und kritisch überprüfen, Konflikten dabei nicht ausweichen. Verpflichtungen klären und klare Verhältnisse schaffen.

... im Arbeitsbereich Sich nicht in trügerischer Sicherheit wiegen. Sein scharfes Wahrnehmungsvermögen einsetzen. Die eigenen Ziele den neuen Erkenntnissen anpassen. Sich auf überraschende, abrupte Wendungen einstellen.

Was ist zu vermeiden? Fanatismus, Gefühlskälte, mangelndes Mitgefühl, Kopflastigkeit, Flucht ins Intellektuelle, Zynismus, Sorglosigkeit, rohe Unbeherrschtheit, blinde Zerstörungswut.

Bildsymbolik Im Sturmgebraus saust der Ritter sein Pferd anfeuernd in den Kampf. Der rote Umhang zeugt von Impulsivität. Er ist zu allem bereit, egal was da komme. *Astrologische Zuordnung:* Planeten: Merkur und Mars.

Königin der Schwerter

Traditionelle Bedeutung Unabhängigkeit, Stolz, Loyalität, Integrität, Stärke, Idealismus, Kühle, Strenge, Wahrhaftigkeit.

Als Person Die Begegnung mit einer eigenwilligen, kritischen, mutigen, starken, engagierten, objektiven, aufrichtigen, klugen, offenen, idealistischen Frau.

Worum geht es? Entscheidungen unabhängig und frei zu treffen und konsequent nach ihnen zu handeln. Um hohe Ansprüche und Perfektion.

Was ist zu tun? Sich mit der Kraft des Verstandes von Unsicherheiten, Verwirrung und Abhängigkeiten befreien.

... im Umgang mit anderen Sich seiner Verletzlichkeit bewusst werden, ohne den Anspruch auf Unabhängigkeit, Eigenständigkeit und Selbstverwirklichung aufzugeben.

... im Arbeitsbereich Sich eigenen Freiraum schaffen und ihn behaupten. Klare Entscheidungen treffen und zu ihnen stehen. Kluge und tragfähige Problemlösungen finden; neue Konzepte entwickeln.

Was ist zu vermeiden? Arroganz, Einsamkeit, Boshaftigkeit, Frustration, Isolation, Unnahbarkeit, übertriebener Perfektionismus und Strenge.

Bildsymbolik Mit ernstem Gesicht und erhobenem Schwert gibt sie klare Anweisungen. Der blaue Umhang und Symbole des Elementes Luft wie Schmetterlinge und Vögel zeugen von intellektuellen Qualitäten. *Astrologische Zuordnung:* Zeichen: Wassermann, Element: Luft, Planet: Uranus.

König der Schwerter

Traditionelle Bedeutung Klugheit, Fairness, Objektivität, Distanz, Gerechtigkeit, Anstand, Weisheit, Autorität, Macht, Flexibilität, Handlungsfähigkeit, Stärke.

Als Person Die Begegnung mit einem intelligenten, realistischen, scharfsinnigen, geschickten, erfahrenen, zuverlässigen, vielseitigen, sachlichen, kritischen Mann.

Worum geht es? Um eine klare, objektive, nüchterne, realistische Betrachtungsweise der Dinge.

Was ist zu tun? Mit Verantwortungsbewusstsein und Entschlossenheit handeln und notwendige Veränderungen herbeiführen.

... im Umgang mit anderen Eigene Gefühle offen zeigen, auch wenn es schwer fällt, innere Verbundenheit, echte Anteilnahme und Mitgefühl zu entwickeln. Innere Distanz und Zurückhaltung aufgeben, um Nähe zuzulassen und Schutzmauern abzubauen.

... im Arbeitsbereich Menschen führen lernen. Verantwortungsvolles und verständnisvolles Miteinander üben. Schwierige Situationen aushalten und meistern.

Was ist zu vermeiden? Unaufrichtigkeit, Lügen, Arroganz, Zynismus, Oberflächlichkeit, Disziplinlosigkeit, Nervosität, Unnahbarkeit, Isolation, Einsamkeit, Härte, Kälte, Dominanz, Kontrolle.

Bildsymbolik Er kennt die Gefahren der Macht. Doch mit Intelligenz und klarem Verstand weiß er zu richten und zu regieren. *Astrologische Zuordnung:* Zeichen: Zwilling, Element: Luft, Planet: Merkur.

As der Münzen

Traditionelle Bedeutung Finanzieller Wohlstand und Stabilität, Sicherheit, Zufriedenheit, Belohnung, Besitz, Potenz, Wachstum.

Worum geht es? Um die Entfaltung von materieller Sicherheit. Um das Erreichen innerer Sicherheit und Selbstsicherheit. Um Erfolg und den Stolz eigener Leistung.

Was ist zu tun? Einfallsreichtum und Disziplin beweisen, um die Ressourcen effektiv zu nutzen, deren Umfang einem anfangs vielleicht gar nicht bewusst ist. Allein mit seinen Problemen fertig werden.

... im Umgang mit anderen Reichtum, Glück und tiefe Erfüllung in Beziehungen entdecken. Intensive Partnerschaft und körperliche Nähe genießen. Chance zu neuen Verbindungen suchen und sie wahrnehmen.

... im Arbeitsbereich Mit Beharrlichkeit seine materiellen Ziele verfolgen. Die Chancen für günstige finanzielle Anlagen oder Investitionen erkennen, sie nutzen und auf dauerhaften Erfolg setzen.

Was ist zu vermeiden? Selbstsucht, Gier, Existenzängste, Leichtsinn, Verschwendungssucht, Faulheit, Zweifel, Unentschlossenheit, Unbeständigkeit.

Bildsymbolik Durch göttliche Fügung wird die Münze, das Symbol für materielles Gut, hochgehalten. Darunter grünt und blüht der gepflegte Garten. Die Arbeit, die zuvor dort verrichtet wurde, gedeiht. *Astrologische Zuordnung:* Element: Erde.

II der Münzen

Traditionelle Bedeutung Veränderung, Unbekümmertheit, Anpassungsfähigkeit, Fröhlichkeit, Vergnügen, Flexibilität, Risikobereitschaft, Unruhe, Instabilität.

Worum geht es? Um die Einsicht und die Bereitschaft, Veränderungen, Schwankungen und Entwicklungen des Lebens als etwas ganz Normales anzunehmen.

Was ist zu tun? Begreifen, dass Menschen und Dinge sich ändern und nicht für immer auf einen bestimmten Zustand fixiert werden können. Sich unbeschwert, gelöst, offen und im Vertrauen auf das Gelingen den veränderten Zuständen anpassen.

... im Umgang mit anderen Für Veränderungen empfänglich sein. Sich auf den Zustand des ständigen Wandels, der inneren Unabhängigkeit, Lebensfreude und Herzlichkeit einlassen.

... im Arbeitsbereich Risikobereit, spielerisch, aktiv und flexibel mehrere Dinge in Angriff nehmen. Initiative ergreifen, mit anderen zusammen, aber auch selbstständig arbeiten.

Was ist zu vermeiden? Verantwortungslosigkeit, Unbeständigkeit, Mutlosigkeit, Leichtsinn, Unselbstständigkeit, Vortäuschen falscher Tatsachen.

Bildsymbolik Spielerisch dem Auf und Ab in der Schleife der Unendlichkeit nachgehen. Auch die Schiffe passen sich dem Gang der kommenden und gehenden Wellen an. *Astrologische Zuordnung:* Die Planeten Venus und Merkur im Zeichen Zwillinge.

III der Münzen

Traditionelle Bedeutung Wohlstand, Erfolg, Profit, Ruhm, Fortschritt, Wachstum, Ausbildung, Beförderung, Anerkennung, Stabilität.

Worum geht es? Um die Anerkennung und Belohnung nach enormem Kräfteeinsatz. Um den Einsatz von Geschicklichkeit und Klugheit. Um disziplinierte und harte Arbeit.

Was ist zu tun? Trotz des äußeren Erfolgs weiterhin die gesteckten Ziele im Auge behalten. Sich von noch zu überwindenden Hindernissen nicht entmutigen lassen.

... im Umgang mit anderen Vertrauen in eine reife, innige und verbindliche Beziehung entwickeln. Trotz notwendiger Rücksichtnahme in der Beziehung sich selbst treu bleiben.

... im Arbeitsbereich Qualifikation und Durchhaltevermögen entwickeln. Sie verhelfen zu Anerkennung, einem entscheidenden Durchbruch, zu einer Beförderung und einem dauerhaften, materiellen Erfolg.

Was ist zu vermeiden? Faulheit, Unzuverlässigkeit, Schwäche, Unbeständigkeit, Bequemlichkeit, Ungeduld, mangelndes Durchhaltevermögen, Verantwortungslosigkeit.

Bildsymbolik In mühsamer und hingebungsvoller Kleinarbeit bringt der Steinmetz den Kirchenbau zur Vollendung. Würdenträger der Kirche zollen ihm die verdiente Anerkennung. *Astrologische Zuordnung:* Planeten: Venus und Jupiter.

IV der Münzen

Traditionelle Bedeutung Stabilität, Bewahren, Festhalten, Absicherung, Struktur, Disziplin, Organisation, auch: Stagnation, Unbeweglichkeit, Blockierungen, Beschränkung, Verlustängste.

Worum geht es? Um finanzielle Absicherung. Um stabile und klare Grenzen. Um Existenzängste und ein übertriebenes Sicherheitsbedürfnis. Um Mangel an Spontaneität und Beweglichkeit.

Was ist zu tun? Eine gesunde und realistische Einstellung entwickeln gegenüber allem, was mit Sicherheit zu tun hat. Veränderungen zulassen, sich von Fixierungen befreien.

... im Umgang mit anderen Innere Lockerheit, Offenheit und Großzügigkeit entdecken. Verlustängste überwinden und Selbstvertrauen aufbauen. Sinnliche Erfahrungen genießen und Selbstliebe entwickeln.

... im Arbeitsbereich Den Mut entfalten, sich auf Neues einzulassen. Zum Umdenken bereit sein und sich beherzt und neugierig Herausforderungen mit unbekanntem Ausgang stellen.

Was ist zu vermeiden? Materielle Abhängigkeiten, Geiz, Engstirnigkeit, Habgier, Angst vor Veränderung, Verlustängste, ängstliches Festhalten an Gewohntem.

Bildsymbolik Die Erdtöne der Kleidung deuten auf Besitz und Macht hin. Seine Haltung jedoch zeigt eine Tendenz zum Horten. *Astrologische Zuordnung:* Element: Erde, Planet: Saturn.

V der Münzen

Traditionelle Bedeutung Verlust, Sorgen, Not, Zusammenbruch, Schwierigkeiten, Rückschläge, Unbeständigkeit, Probleme, Einschränkungen, Demütigung, Verlassenheit, Selbstzweifel.

Worum geht es? Um den Verlust von Selbstvertrauen und materiellen Sicherheiten. Um Lebensfreude und Vertrauen in die eigenen Fertigkeiten und Fähigkeiten.

Was ist zu tun? Neuorientierung und Umwandlung auf allen Ebenen zu erreichen suchen. Altes hinter sich lassen. Neues Vertrauen entwickeln. An das Gelingen glauben.

... im Umgang mit anderen In Zeiten schwerster Beziehungsproblematik, emotionaler Hilflosigkeit und seelischer Not Beratung oder Hilfe suchen und sie auch annehmen. Die Ursachen ergründen und reflektieren.

... im Arbeitsbereich Andere Wege gehen, um neue Fähigkeiten und Möglichkeiten zu entdecken und diese selbstbewusst entfalten. Konsequent an einer positiven Einstellung arbeiten.

Was ist zu vermeiden? Tiefe Verzweiflung und Hoffnungslosigkeit, fehlender Lebensmut, Abkehr vom Leben, Einsamkeit, Depressionen.

Bildsymbolik Frierend und krank müssen die Armen draußen in der bitteren Kälte wahrnehmen, dass sie ausgeschlossen sind vom wärmenden Licht.

Astrologische Zuordnung: Planeten: Saturn und Venus.

VI der Münzen

Traditionelle Bedeutung Güte, Großzügigkeit, Glück, Wohlwollen, Nächstenliebe, Belohnung, Erfolg, Freigiebigkeit, Schenken und Teilen.

Worum geht es? Um die Gabe, Vertrauen, Hilfsbereitschaft und Fürsorge zu schenken, aber diese auch gewinnen.

Was ist zu tun? Sich für das Wohl anderer einsetzen und stark machen. Anderen Menschen das zugute kommen lassen, was sie wirklich brauchen. Seine wahren, ureigenen Bedürfnisse und Wünsche herausfinden und zu ihnen stehen.

... im Umgang mit anderen Das Wohlwollen, die Hilfe und Unterstützung anderer annehmen. Vorurteilsfrei und großzügig Hilfsbedürftige unterstützen und sie fördern. Anderen Menschen hilfreich zur Seite stehen. Güte, Nachsicht und Toleranz walten lassen.

... im Arbeitsbereich Sich darüber klar werden, was man benötigt, um ein berufliches Ziel zu erreichen. Die sich bietenden Gelegenheiten, beruflich weiter zu kommen, wahrnehmen und für sich nutzen.

Was ist zu vermeiden? Abhängigkeit von der Zuwendung anderer, Unselbstständigkeit, Urteilsschwäche, Beeinflussbarkeit, berechnendes Verhalten, Selbstgefälligkeit.

Bildsymbolik Mit der Waage der Gerechtigkeit verteilt der Wohlhabende an Unterbemittelte. Er erkennt ihre Not und gibt ab von dem, was er im Überfluss hat.

Astrologische Zuordnung: Planeten: Jupiter und Venus.

VII der Münzen

Traditionelle Bedeutung Geduld, Gelassenheit, Wachstum, Beständigkeit, Beharrlichkeit, Entwicklung, Vertrauen, Zufriedenheit.

Worum geht es? Um kontinuierliche, beständige, innere und äußere Entfaltung.

Was ist zu tun? Sich Muße und Zeit lassen, um langsam, Schritt für Schritt, etwas aufzubauen. Die Dinge ruhen und reifen lassen. Warten lernen. Gelassenheit und Wachsamkeit entwickeln, um dann seine Möglichkeiten geschickt auszunutzen.

... im Umgang mit anderen Die Zeiten beständiger, tiefer Freundschaften und Partnerschaften genießen. Zu den eingegangenen Verpflichtungen stehen und sie erfüllen.

... im Arbeitsbereich Nichts überstürzen, anstehende Entscheidungen in aller Ruhe überdenken. Trotz Vorsicht und Voraussicht sich bietende Gelegenheiten zu Veränderungen wahrnehmen und sie nicht ungenutzt vorübergehen lassen.

Was ist zu vermeiden? Stagnation, Verluste, Untätigkeit, Unzufriedenheit, Resignation, Unsicherheit, Langeweile und Interessenlosigkeit, aber auch Ungeduld und zu große Erwartungshaltung.

Bildsymbolik Nachdenklich steht der Weingärtner neben dem üppigen Weinstock. Ist noch mehr drin? *Astrologische Zuordnung:* Der Planet Jupiter im Element Erde.

VIII der Münzen

Traditionelle Bedeutung Anfang, Begeisterung, Neugierde, Interesse, Aufmerksamkeit, Lerneifer, Aufbau, Anstrengung, harte Arbeit, Entwicklung.

Worum geht es? Um das Privileg, neue Fertigkeiten und Fähigkeiten erlernen zu können. Um das beglückende Erlebnis, an innerer und äußerer Erfahrung zu gewinnen und andere daran teilhaben zu lassen.

Was ist zu tun? Sich an kompetenter Stelle gründlich informieren. Energie bündeln und gezielt einsetzen. Sich anstrengen und hart arbeiten, um einen dauerhaften Erfolg sicherzustellen.

... im Umgang mit anderen Kontakte und Beziehungen aufbauen und sie pflegen. Andere umsorgen, für sie da sein und dabei das eine oder andere Opfer nicht scheuen.

... im Arbeitsbereich Den geeigneten Zeitpunkt herausfinden, um ein aussichtsreiches neues Unternehmen zu beginnen. Talente und Fähigkeiten zielstrebig entwickeln.

Was ist zu vermeiden? Frustration, Instabilität, Oberflächlichkeit, Ungeduld, vorschnelles Aufgeben eines Vohabens, Faulheit, Unbescheidenheit.

Bildsymbolik Um detailgetreue Feinarbeit erledigen zu können, muss man neben Talent und einer guten Ausbildung auch noch die nötige Ruhe und Ausdauer aufbringen, die dieses Handwerk erwartet. *Astrologische Zuordnung:* Zeichen: Jungfrau, Element: Erde, Planet: Merkur.

IX der Münzen

Traditionelle Bedeutung Zufriedenheit, Lohn, Ernte, Reichtum, Glück, Wohlstand, Ansehen, Kreativität, Dauerhaftigkeit, Selbstständigkeit, Disziplin.

Worum geht es? Um innere Erfahrungen, die bereichern. Um Wohlstand, Besitz und materielles Glück. Um tiefe Zufriedenheit über das Erreichte.

Was ist zu tun? Zu seinem Erfolg und zu seinem Wohlstand stehen und sich ihn von Neidern nicht vermiesen lassen.

... im Umgang mit anderen Aufgeschlossen, optimistisch, freundlich und mit Wärme seinen Mitmenschen begegnen. Partnerschaft als tiefes Glück und als große Bereicherung erleben. Von der Großzügigkeit und Unterstützung anderer profitieren.

... im Arbeitsbereich Gute Beziehungen, Unterstützung und Protektion nutzen. Aus einem Gefühl der inneren Sicherheit heraus die richtigen Entscheidungen treffen.

Was ist zu vermeiden? Hemmungen, Faulheit, andere auszunutzen oder auszuspielen, Popularitätssucht, Disziplinlosigkeit, Zersplitterung, Mangel an Selbstvertrauen.

Bildsymbolik Die mit prallen Trauben voll hängenden Weinstöcke deuten auf eine reiche Ernte hin. Die wohlhabende Dame widmet sich dem herrschaftlichen Sport der Falknerei. Sie hat den Raubvogel abgerichtet und kann ihn nun für ihre Zwecke nutzen. *Astrologische Zuordnung:* Element: Erde und Feuer.

X der Münzen

Traditionelle Bedeutung Beständigkeit, Sicherheit, Reichtum, Besitz, Stabilität, Stärke, Wohlstand, Macht, Erfüllung, Schönheit, Harmonie, Befriedigung.

Worum geht es? Um das Gefühl innerer Sicherheit sowie um große Zufriedenheit und tiefe Erfüllung.

Was ist zu tun? Das Leben in seiner Fülle und Schönheit genießen. Glück und seinen Wohlstand zu schätzen wissen.

... im Umgang mit anderen Andere am eigenen Reichtum und an seinen Erfahrungen teilhaben lassen. Die günstigen Momente nutzen, um angenehme Kontakte zu knüpfen, die sich später oft als besonders wertvoll und hilfreich zeigen.

... im Arbeitsbereich Sich über äußere Anerkennung, Ansehen und Bewunderung freuen. Trotzdem bei allen Aktionen Vorsicht und Sorgfalt walten lassen. Gute, viel versprechende geschäftliche Beziehungen auch in Zukunft nutzen und keinesfalls die Gelegenheit verpassen, sie weiter auszubauen.

Was ist zu vermeiden? Verlust, Faulheit, Unzufriedenheit, Leichtsinn, Verschwendungssucht, Langeweile, Großspurigkeit, Engherzigkeit, Materialismus.

Bildsymbolik Hier wurden sämtliche traditionelle Werte wie Familie und Besitz erreicht. Im Schutz des sicheren Bogens des stattlichen Gebäudes herrscht Eintracht. *Astrologische Zuordnung:* Planet: Jupiter.

Bube der Münzen

Traditionelle Bedeutung Faszination, Interesse, Begeisterungsfähigkeit, Fleiß, Fürsorge, Geduld, Veränderung, Entwicklung, Verantwortungsbewusstsein.

Worum geht es? Um den Willen, sich mit spielerischem Interesse und ganzer Aufmerksamkeit für neue Aufgaben, Hobbys oder eine Idee zu öffnen.

Was ist zu tun? Langsam, sorgsam und geduldig an das Neue herangehen, es hegen und pflegen und die Früchte dankbar genießen. Körperliche und sinnliche Bedürfnisse erfüllen. Verwöhnen und sich verwöhnen lassen.

... im Umgang mit anderen In Begegnungen ein Gefühl der Faszination und Frische aufrechterhalten. Sich einer neuen, erfreulichen und lustvollen Beziehung öffnen und an ihr wachsen.

...im Arbeitsbereich Chancen zu neuer Beschäftigung erkennen. Versuchen, der bisherigen Routine zu entkommen. Die Gelegenheit zu einer erfreulichen Veränderung ergreifen.

Was ist zu vermeiden? Flüchtigkeit, Passivität, Vernachlässigung von Ideen, Interessenlosigkeit, Zerstreutheit, Überforderung, Unsicherheit, Unbeständigkeit.

Bildsymbolik Die Erdtöne der Kleidung zeugen von Bodenständigkeit und von Wachstum und Gedeihen. Der junge Mann hält voll Bewunderung die Münze, das Symbol für materielle Werte, hoch. Man sieht es ihm an, dass er bereit ist, sich für diese Werte mit voller Überzeugung einzusetzen. *Astrologische Zuordnung:* Elemente: Erde und Luft.

Ritter der Münzen

Traditionelle Bedeutung Ausdauer, Fleiß, Verantwortungsbewusstsein, Gewissenhaftigkeit, Verlässlichkeit, Zufriedenheit, Aufrichtigkeit, Bescheidenheit, Stabilität.

Worum geht es? Um die Bereitschaft, Verantwortung zu übernehmen. Um den Willen, sich zuverlässig und verantwortlich für eine bestimmte Aufgabe einzusetzen.

Was ist zu tun? Gelassen die Dinge auf sich zukommen lassen. Die Notwendigkeit erkennen und akzeptieren, dass Alltagsaufgaben erfüllt werden müssen, auch wenn sie manchmal langweilig erscheinen.

... im Umgang mit anderen Den günstigen Zeitpunkt für die Verwirklichung gemeinsamer Pläne nutzen. Sinnlichkeit, Wärme, Vertrautheit und Aufrichtigkeit in einer Beziehung erkennen und schätzen lernen.

... im Arbeitsbereich Mit Gelassenheit und Konsequenz seine Ziele und Vorstellungen verwirklichen. Sehr genau darauf achten, dass auch greifbare Ergebnisse erzielt werden.

Was ist zu vermeiden? Sturheit, Trägheit, Faulheit, Phlegma, Einseitigkeit, Mutlosigkeit, Ruhelosigkeit, Realitätsverlust, Unbeständigkeit, Nachlässigkeit, Phantasielosigkeit.

Bildsymbolik Das Schwarz des Pferdes steht für Verantwortung und Schwere. Gelassen hält der Ritter die Münze im vollen Bewusstsein dessen, was es ihn kostete, sie zu erlangen. *Astrologische Zuordnung:* Element: Erde.

Königin der Münzen

Traditionelle Bedeutung Produktivität, Sinnlichkeit, Kraft, Kreativität, Großzügigkeit, Fülle, Reife, Stabilität, Ausdauer.

Als Person Die Begegnung mit einer praktischen, sinnlichen, geschäftstüchtigen, kreativen, verantwortungsvollen, phantasievollen Frau.

Worum geht es? Um die Kraft, seinem eigenen, gesunden Realitätsbewusstsein und Selbstwertgefühl zu vertrauen. Um Liebe und Verbundenheit zu den Menschen, zur Natur und der Welt.

Was ist zu tun? Eigene Möglichkeiten, Fähigkeiten und Talente entdecken, um innere Sicherheit und materielle Sicherheit zu erhalten. Äußeres Glück, Wohlstand und das Vertraute schätzen und bewahren.

... im Umgang mit anderen Sich für liebevolle Begegnungen öffnen, bereit sein für verbindliche, reife und treue Partnerschaften.

... im Arbeitsbereich Geduldig und beharrlich bei einer Sache bleiben. Fleißig arbeiten, um für eine finanzielle Sicherheit, stabile und sichere Bedingungen zu sorgen.

Was ist zu vermeiden? Finanzielle Abhängigkeiten, emotionale Blockaden, Verlust von Selbstvertrauen, Unselbstständigkeit, Verschwendung, Genusssucht, Faulheit.

Bildsymbolik Der grüne Umhang steht für vernünftiges, realistisches Handeln. Die Königin weiß um die Schwere ihrer Aufgabe, doch sie bringt sie zur Reife. *Astrologische Zuordnung:* Zeichen: Stier, Element: Erde, Planet: Venus.

König der Münzen

Traditionelle Bedeutung Verantwortung, Zuversicht, Ehrgeiz, Erfolg, Reichtum, Autorität, Macht, Anerkennung, materielle Sicherheit, Aktivität, Kreativität.

Als Person Die Begegnung mit einem starken, sinnlichen, klugen, geschickten, realistischen, disziplinierten, lebensfrohen Mann.

Worum geht es? Um die realistische Einschätzung und tatkräftige Verwirklichung kreativer Ideen.

Was ist zu tun? Den durch harte Arbeit erreichten Wohlstand und Erfolg ausgiebig genießen. Das Erreichte klug und solide absichern.

... im Umgang mit anderen Sich auf liebevolle Begegnungen einlassen. Bereit sein für treue, verbindliche und beständige Partnerschaften. Sich lustvolle und sinnliche Erfahrungen gönnen.

... im Arbeitsbereich Souverän, mit dem Sinn für das Machbare, tatkräftig, mit gesundem Menschenverstand, Instinkt und praktischer Intelligenz Potenziale erkennen und nutzen und gute Geschäfte machen.

Was ist zu vermeiden? Korruption, Gier und Geiz, innere Anspannung, Ängstlichkeit, Vergeuden von Geld und Eigentum, Nüchternheit, Vergnügungs- und Genusssucht.

Bildsymbolik Im vollen Bewusstsein seiner Macht mehrt er seine Besitztümer. Er besitzt die Fähigkeit, zum richtigen Zeitpunkt die richtige Entscheidung praktisch und realistisch zu treffen. Die Erdtöne und das wuchernde Grün zeugen von üppigem Reichtum. *Astrologische Zuordnung:* Zeichen: Stier, Element: Erde, Planet: Venus.

As der Kelche

Traditionelle Bedeutung Liebe, Nächstenliebe, Gefühle, Harmonie, Freude, Leidenschaft, Verständnis, Mitgefühl, Romantik, Gefühlstiefe, schöpferische Kraft, Phantasie, Kreativität.

Worum geht es? Um das Erreichen von innerer Zufriedenheit. Um das Erstreben des allerhöchsten Glücks. Um den Ausdruck tiefer, echter Gefühlsregungen. Um die Erfahrung vollkommener Liebe.

Was ist zu tun? Den Kontakt zu seinen innersten Gefühlen, zu seinem Selbst nicht verlieren. Bedürfnisse und Wünsche offen und ehrlich zeigen. Tiefes Selbstvertrauen, große Hingabefähigkeit und Zuversicht entwickeln.

... im Umgang mit anderen Sich den Erfahrungen der Leidenschaft und der emotionalen Tiefe in einer innigen Liebe oder Begegnung öffnen.

... im Arbeitsbereich Vertrauen in die eigenen Möglichkeiten und Fähigkeiten und in das Gelingen entwickeln. Die Gelegenheit wahrnehmen, seine Begabungen beruflich zur Geltung zu bringen.

Was ist zu vermeiden? Verzweiflung, Eifersucht, Boshaftigkeit, Rachsucht, Untreue, Faulheit, innere Einsamkeit, Selbstentfremdung, Verdrängung von Gefühlen.

Bildsymbolik Unter göttlicher Führung wird der Kelch, das Symbol für Emotionalität, hochgehalten. Mit klarem, reinem Wasser gefüllt fließt er über in den mit Seerosen bewachsenen Teich. Die Gefühle sind reich und fließen regelrecht über. *Astrologische Zuordnung:* Element: Wasser.

II der Kelche

Traditionelle Bedeutung Harmonie, Ausgewogenheit, Liebenswürdigkeit, Begegnung, Beziehung, Partnerschaft, Geselligkeit, Frieden, Versöhnung.

Worum geht es? Um eine liebevolle, verständnisvolle, harmonische Freundschaft oder Liebesbeziehung.

Was ist zu tun? Offen und vorurteilsfrei aufeinander zugehen. Sein Wohlwollen und seine Zuneigung ohne Vorbehalte zeigen. Mit Großzügigkeit und Freigiebigkeit handeln. Wechselseitiges Geben und Nehmen üben.

... im Umgang mit anderen Probleme und Spannungen in persönlichen Partnerschaften lösen und sich versöhnen. Zu einem gegenseitigen Verständnis, Akzeptanz und Anteilnahme finden. Kontakte aufnehmen, sich vertrauensvoll einer neuen Beziehung öffnen.

... im Arbeitsbereich Die Chance zu einem neuen, beruflich langfristigen Anfang ergreifen. Mit diplomatischem Geschick und positiver Einstellung günstige Geschäftsvereinbarungen und berufliche Pläne verwirklichen.

Was ist zu vermeiden? Trennung, Neid, Rachsucht, Eifersucht, Unfreundlichkeit, Oberflächlichkeit, Faulheit, Unentschiedenheit.

Bildsymbolik Gleichberechtigt stehen sich Mann und Frau gegenüber und reichen sich ihre Kelche. Der feurige Löwe und der Merkurstab sorgen für kreativen, liebevollen Austausch. *Astrologische Zuordnung:* Der Planet Venus im Zeichen Krebs.

III der Kelche

Traditionelle Bedeutung Freude, Geselligkeit, Dankbarkeit, Abschluss und Neubeginn, Fruchtbarkeit, Geburt, Heilung, Glück, Liebe, Erfolg.

Worum geht es? Um intensive Lebensfreude und tiefes Glück. Um große Dankbarkeit und Zufriedenheit über das bisher Erreichte. Um emotionales Wachstum, um Entwicklung, Entfaltung und Erfüllung.

Was ist zu tun? Sich gemeinsamen Interessen zuwenden und ihnen nachgehen. Erfahrungen mit anderen austauschen. Sein Glück intensiv und dankbar genießen.

... im Umgang mit anderen Andere so akzeptieren, wie sie wirklich sind. Auf sie eingehen und auch für sie da sein. Sich aus vollem Herzen von einer liebevollen, lebendigen Beziehung mitreißen lassen.

... im Arbeitsbereich Dankbar sein über einen erfolgreichen Abschluss. Schöpferische Impulse umsetzen. Sich um Harmonie, Teamgeist und soziales Engagement bemühen.

Was ist zu vermeiden? Schwermut, Undankbarkeit, Faulheit, Vergnügungssucht, satte Selbstzufriedenheit, Trägheit, Mangel an Selbstdisziplin.

Bildsymbolik Fröhlich tanzen und feiern die drei Frauen aus Dank für die fruchtbare Ernte. Ihre Freude ist unbeschwert und zeugt von tiefer Zufriedenheit dem Leben und seiner Fülle gegenüber. *Astrologische Zuordnung:* Der Planet Venus im Element Luft.

IV der Kelche

Traditionelle Bedeutung Krise, Ärger, Zweifel, Langeweile, Missmut, Eifersucht, Enttäuschung, Unzufriedenheit, Frustration und Argwohn.

Worum geht es? Um Teilnahmslosigkeit, fehlende Motivation und mangelndes Interesse an der Gegenwart. Um Lustlosigkeit ohne erkenntlichen Grund. Um Verletzungen und ärgerliche Auseinandersetzungen.

Was ist zu tun? Eigene Frustrationen und Unsicherheiten erkennen. Die Augen öffnen und die Dinge realistisch betrachten. Sich auf etwas konzentrieren, das Freude und Interesse wecken könnte. Umdenken.

... im Umgang mit anderen Sich von seinen ständigen Gefühlen des Zweifels, der Unzufriedenheit, der Eifersucht und der Enttäuschung distanzieren. Versuchen, aufmerksam, aufrichtig und verständnisvoll miteinander umzugehen.

... im Arbeitsbereich Trägheit überwinden, Ausdauer und Belastbarkeit entwickeln. Konkret und aktiv werden, seine Pflichten erfüllen, aber auch eine völlig neue Richtung einschlagen.

Was ist zu vermeiden? Unzufriedenheit, Lustlosigkeit, Engstirnigkeit, Gehässigkeit, unrealistische Erwartungen. Resignation, Faulheit, Launenhaftigkeit, Beleidigtsein.

Bildsymbolik Der junge Mann zieht sich zurück. Seine verschränkten Arme drücken Abwehr aus. Doch der ihm gereichte Kelch deutet auf Stärkung hin. *Astrologische Zuordnung:* Zeichen: Krebs und Jungfrau.

V der Kelche

Traditionelle Bedeutung Enttäuschung, Trauer, Verlust, Kummer, Verlassenheit, emotionaler Schmerz, Verzweiflung und Prüfung.

Worum geht es? Um schmerzliche Gefühle der Zurückweisung. Um Kränkung und seelische Verletzung. Um das Gefühl, verlassen, hintergangen und ungeliebt zu sein.

Was ist zu tun? Sich mit quälenden Erlebnissen und den Erfahrungen des Verlustes auseinanderzusetzen. Abschied nehmen lernen und mit Zuversicht einen Neubeginn wagen.

... im Umgang mit anderen Mitmenschliche Beziehungen genau überprüfen, um desillusionierende Erkenntnisse und Rückzug zu vermeiden. Gutgemeinte Hilfe, Trost und Unterstützung liebevoller Menschen annehmen. Nähe zulassen.

... im Arbeitsbereich Angst vor weiteren Enttäuschungen und vor dem Scheitern allgemein überwinden. Neuen Mut fassen. Das Vertrauen zu sich selbst zurückgewinnen.

Was ist zu vermeiden? Agonie, Depression, Schuldgefühle, Verschlossenheit, abweisende Haltung, Hemmung, Verbitterung, negative Gefühle und depressive Stimmung.

Bildsymbolik Im schwarzen Umhang der Trauer steht eine Person verlassen und niedergeschlagen. Die umgestürzten Kelche zeugen von Verlust und verlorener Liebe. *Astrologische Zuordnung:* Der Planet Saturn im Element Wasser.

VI der Kelche

Traditionelle Bedeutung Vergangenheit, Rückschau, Phantasie, Sentimentalität, Naivität, Träume, Geborgenheit, Schutz, Anhänglichkeit.

Worum geht es? Um Erinnerung und Sehnsucht nach vergangenen Zeiten. Um kritische Rückschau und Vergangenheitsbewältigung.

Was ist zu tun? Trotz großen Verlangens nach Vergangenem stets den Bezug zur Wirklichkeit bewahren. Innere Bilder verarbeiten, sich von Erinnerungen lösen, sich abnabeln und befreien. Dinge in Angriff nehmen und verändern, eigenständig und selbstständig handeln.

... im Umgang mit anderen Dem Bedürfnis nach Liebe, tiefen Gefühlen, Hingabe und Zuwendung nachgeben. Daraus innere Geborgenheit, Sicherheit und Frieden mit sich selbst schöpfen. Eigene Bedürfnisse und Neigungen nicht verleugnen.

... im Arbeitsbereich Sich vor einem verzerrten Blickwinkel und unrealistischen Einschätzungen hüten. Aus seinen Erfahrungen lernen und sich den Anforderungen des Augenblicks stellen. Sich konkreten Aufgaben zuwenden.

Was ist zu vermeiden? An Erinnerungen festhalten, Idealisieren, Fixierung, kindliche Verhaltensweisen, Depressionen.

Bildsymbolik Glückliche Kindheit im Schutz eines heimeligen Umfelds. Die weißen Blumen stehen für Reinheit und Unschuld. Das Geschenk, das dem Mädchen gereicht wird, steht für Liebe, Freude und Verbundenheit. Unschuldiges Glück in einer kleinen, heilen Welt. *Astrologische Zuordnung:* Zeichen: Krebs, Element: Wasser, Planet: Mond.

VII der Kelche

Traditionelle Bedeutung Illusion, Wünsche, Flucht, Traumbilder, Selbsttäuschung, Verführung, Visionen, Sehnsucht, Zauber.

Worum geht es? Um die drohende Gefahr, getäuscht zu werden oder sich zu täuschen. Um die Gefahr, sich in einer irrealen Welt oder in Tagträumereien zu verlieren. Um den sehnlichen Wunsch, dem lästigen oder langweiligen Alltag zu entfliehen.

Was ist zu tun? Den gesunden Menschenverstand einsetzen, um das Gefühl für die Wirklichkeit und das Interesse am Hier und Jetzt zu entwickeln.

... im Umgang mit anderen Sich nicht beeinflussen und irreführen lassen. Selbsttäuschungen, Wahrnehmungsverzerrungen vermeiden. Sämtliche Beziehungen kritisch unter die Lupe nehmen und Veränderungen herbeiführen.

... im Arbeitsbereich Disziplin, Struktur, Geduld und Ausdauer üben, um bestimmte Arbeitssituationen besser meistern zu können. Nach Möglichkeit nur mit Menschen zusammenarbeiten, denen man vertrauen kann.

Was ist zu vermeiden? Sich illusionären Zukunftsvisionen hinzugeben, Flucht, Sucht, Lügen, Orientierungslosigkeit, Unaufrichtigkeit, Weltflucht, Interesselosigkeit.

Bildsymbolik Der Suchende sieht sich in seiner Vorstellung mit seinen Ängsten, Wünschen, Sehnsüchten und Herausforderungen konfrontiert. Doch all die Dinge schweben auf Wolken und sind nicht real. Die dunkle Gestalt fordert dazu auf, Klarheit zu schaffen.

Astrologische Zuordnung: Zeichen: Fische, Element: Wasser, Planet: Neptun.

VIII der Kelche

Traditionelle Bedeutung Schmerz, Abschied, Trauer, Resignation, Depression, Suche, Ungewissheit, Verlust, Belastung und Verunsicherung.

Worum geht es? Um einen äußerst schmerzlichen Verlust. Um einen einschneidenden Ablösungs- und Trennungsprozess. Um einen wertvollen und zukunftsweisenden Neubeginn.

Was ist zu tun? Ohne Wenn und Aber Abschied nehmen. Ausgiebig über die Vergangenheit reflektieren. Über das Vergangene und Verlorene trauern. Sich dann bewusst von den Erinnerungen lösen.

... im Umgang mit anderen Leid und Schmerz entschlossen überwinden. Die Augen offen halten und auch innerlich für neue Begegnungen bereit sein. Eigene Wege gehen.

... im Arbeitsbereich Sich von bestimmten Vorstellungen trennen. Belastende und unergiebige Aktivitäten beenden. Neue Angebote und Chancen erkennen und nutzen.

Was ist zu vermeiden? Mutlosigkeit, Seelenqual, ständig quälende, negative Gedanken und übermäßige Selbstkritik, Schuldgefühle, innerliche Passivität.

Bildsymbolik Der einsame Wanderer lässt eine stabile Umgebung oder Situation hinter sich. Das Rot des Umhangs deutet auf einen vitalen Neuanfang hin.

Astrologische Zuordnung: Planet: Saturn.

IX der Kelche

Traditionelle Bedeutung Genuss, Freude, Sinnlichkeit, Glück, Erfüllung, Harmonie, Zufriedenheit, Friede, Heiterkeit, Vergnügen.

Worum geht es? Um die Zeit der inneren Zufriedenheit und Ausgeglichenheit. Um große Zuversicht. Um die Phase des Wohlbefindens und des Glücks. Um Dankbarkeit für den Reichtum des Lebens.

Was ist zu tun? Fröhlich, gelassen und entspannt das Leben in vollen Zügen genießen. Seinen Neigungen und Leidenschaften frönen. All seine Sinne zu ihrem Recht kommen lassen.

... im Umgang mit anderen Sich von wohltuenden, friedlichen Gefühlen treiben lassen. Angenehme Zeiten der Freude und der Geselligkeit genießen.

... im Arbeitsbereich Optimale Bedingungen und Gelegenheiten für sich nutzen und sich darüber freuen sowie Dankbarkeit zeigen.

Was ist zu vermeiden? Schwerfälligkeit, Faulheit, Unbeweglichkeit, Verlustängste, Gier und Geiz, übermäßiges Besitzdenken, Herrschsucht, Disziplinlosigkeit, Mangel an Spontaneität, Fixierungen, Verbissenheit.

Bildsymbolik Zufrieden, selbstgefällig und satt sitzt der Wohlhabende vor all den gefüllten Kelchen. Er hat viel erreicht und viele Wünsche sind in Erfüllung gegangen. Seine rote Kopfbedeckung steht für sinnliche Genussempfindung.
Astrologische Zuordnung: Zeichen: Stier, Element: Erde, Planet: Venus.

X der Kelche

Traditionelle Bedeutung Fülle, Liebe, Freude, Glück, Harmonie, Geborgenheit, Versöhnung, Warmherzigkeit, Offenheit, Fröhlichkeit, Großzügigkeit, Optimismus, Zufriedenheit.

Worum geht es? Um Vertrauen und Liebe zum Leben. Um intensive Lebensfreude und Selbstvertrauen. Um innere Zufriedenheit, Ausgeglichenheit und Harmonie.

Was ist zu tun? Immer wieder den eigenen Idealismus, seine positiven, großzügigen Gefühle und die innere Freude unbefangen und spontan zum Ausdruck bringen.

... im Umgang mit anderen Liebe leben und erleben. Echtes Zusammengehörigkeitsgefühl entwickeln. Sich im Vertrauen auf das Leben selbst immer geborgen und beschützt fühlen. Anderen voller Güte, Freundschaft, Vertrauen und Großmut begegnen.

... im Arbeitsbereich Die günstige Zeit für Unternehmungen und Gruppenaktivitäten nutzen. Die Planungen und Vorbereitungen für neue Projekte vorantreiben.

Was ist zu vermeiden? Misstöne, Streit, Selbstüberschätzung, Übertreibung, Traurigkeit, Unruhe, mangelnde Lebensfreude, Unzuverlässigkeit, Arroganz.

Bildsymbolik Liebe, Glück und kindliche Freude werden auf dieser Karte dargestellt. Ein reiches, erfülltes Leben wird durch die strahlenden Kelche am Himmel symbolisiert. Ähnlich einem Regenbogen zeugen sie von der bunten Vielfalt des Lebens. *Astrologische Zuordnung:* Der Planet Jupiter im Zeichen Krebs.

Bube der Kelche

Traditionelle Bedeutung Heiterkeit, Freude, Vergnügen, Wärme, Verliebtsein, Freundschaft, Mitgefühl, Liebenswürdigkeit, Charme, Kontaktbereitschaft, Harmonie, Schönheit und Anmut.

Worum geht es? Um den Beginn von etwas Neuem. Um Impulse, Anregungen, Ansporn und wichtige Botschaften von außen. Um eine freundschaftliche, versöhnliche Geste.

Was ist zu tun? Eigene Bedürfnisse und verborgene Neigungen herausfinden, ihnen nachgeben. Selbstliebe und Freude an und mit sich selbst entwickeln.

... im Umgang mit anderen Offenheit und Verständnis für andere aufbringen. Kompromisse und Frieden schließen, sich versöhnen.

... im Arbeitsbereich Neue, reizvolle Aufgaben übernehmen. Hilfe und Unterstützung bei wichtigen Gesprächen und Vereinbarungen annehmen. Die günstige Zeit erkennen für schöpferische Arbeiten und für die Zusammenarbeit mit anderen Menschen in jeglicher Form.

Was ist zu vermeiden? Narzissmus, Unverbindlichkeit, Oberflächlichkeit, Tagträumereien, Egoismus, Trägheit, Bequemlichkeit, sich in Wunschvorstellungen verlieren.

Bildsymbolik Das Element Wasser kommt u. a. durch die Farbe Blau zum Ausdruck. Freundschaftlich wendet sich der Bube dem Fisch zu, der aus dem Kelch hervorlukt. *Astrologische Zuordnung:* Elemente: Luft und Wasser.

Ritter der Kelche

Traditionelle Bedeutung Liebe, Romantik, Sehnsucht, Idealismus, Charme, Kreativität, Verliebtheit, Phantasie, Poesie, Inspiration, Freundlichkeit.

Worum geht es? Um die Bereitschaft, sich zu verlieben und hinzugeben. Um harmonische, zärtliche und liebevolle Gefühle. Um den Mut, seinen tiefen Gefühlen der Verehrung und Idealisierung ungeschmälert Ausdruck zu verleihen. Um die Suche nach der vollkommenen, heiligen, unerreichbaren Liebe.

Was ist zu tun? Die gute Stimmung für seine Wünsche nützen. Anregungen annehmen. Sich der Realität stellen.

... im Umgang mit anderen Sich neuen, feinfühligen, harmonischen Begegnungen öffnen. Sich einem liebenswürdigen, zärtlichen und sanften Miteinander hingeben. Eigene Objektivität entwickeln.

... im Arbeitsbereich Eigene Vorstellungen und Projekte mit Schwung und Kreativität in die Wirklichkeit umsetzen. Angenehme und nützliche Begegnungen annehmen.

Was ist zu vermeiden? Rückzug, Passivität, Unberechenbarkeit, Ruhelosigkeit, Überheblichkeit, Überempfindlichkeit, sich in eine Welt von Träumen und Schäumen zurückziehen, Geltungssucht.

Bildsymbolik In herrschaftlichem Trab reitet er zum Fluss. Er trägt den Kelch als Symbol seiner Gefühle, die er zu schenken bereit ist. *Astrologische Zuordnung:* Der Planet Mond im Element Wasser.

Königin der Kelche

Traditionelle Bedeutung Liebe, Leidenschaft, Freude, Sensibilität, Intuition, Glück, Unbewusstes, Kreativität, Phantasie, Spiritualität, Einfühlungsvermögen.

Als Person Die Begegnung mit einer empfindsamen, verständnisvollen, sensiblen, romantischen und leidenschaftlichen Frau.

Worum geht es? Um die Begegnung und das Sicheinlassen in die eigene tiefe und überwältigende Welt der Gefühle, in die Welt der Träume und das Reich der grenzenlosen Phantasie.

Was ist zu tun? Sich einer Sache oder einer Beziehung aus vollem Herzen hingeben. Sich entspannen und aus dem Gefühl heraus handeln.

… im Umgang mit anderen Nähe, Liebe, Zuwendung, tiefes Einfühlungsvermögen, innere Übereinstimmung und Vertrautheit miteinander teilen. Freude und Harmonie um sich verbreiten.

… im Arbeitsbereich Sich um Ausgleich bemühen. Die Möglichkeit wahrnehmen, seine große Vorstellungskraft in kreativer Form ausdrücken.

Was ist zu vermeiden? Eifersucht, Bosheit, Rachsucht, Launen, Unaufrichtigkeit, Abgrenzungsschwierigkeiten, Traurigkeit, Melancholie, Nicht-vergeben-Können

Bildsymbolik Ihr blaugemusterter Umhang geht über in das Grünblau der Steine am Strand. Sie ist ganz eins mit ihrem Element und zieht daraus ihre ganze Kraft. *Astrologische Zuordnung:* Zeichen: Krebs, Element: Wasser, Planet: Mond.

König der Kelche

Traditionelle Bedeutung Kreativität, Phantasie, Sensibilität, Intuition, Hingabe, Introvertiertheit, Zärtlichkeit, Einfühlungsvermögen, Gefühlstiefe, Liebe.

Als Person Die Begegnung mit einem mitfühlenden, liebenden, sensiblen, vertrauensvollen Mann.

Worum geht es? Um die Auseinandersetzung mit der eigenen Verletzlichkeit. Um einen guten Kontakt zum Unbewussten.

Was ist zu tun? Kontrolle der Gefühle aufgeben und Verletzungen zulassen. Vertrauen in die eigenen Gefühle und in den Fluss des eigenen Lebens entwickeln.

… im Umgang mit anderen Die eigenen Wünsche zurückstellen. Mitgefühl und ein gutes Gespür für die seelischen Bedürfnisse der Mitmenschen entwickeln, ihnen zur Seite stehen.

… im Arbeitsbereich Die besonders ausgeprägte Kreativität spielen lassen, um eigene Ideen und Idealvorstellungen zu verwirklichen.

Was ist zu vermeiden? Innere Zerrissenheit, Verzweiflung, sich verzetteln, Unzuverlässigkeit, Vergesslichkeit, Chaos, Unreife, Schwermut, Ambivalenz zwischen Fühlen und Handeln, Buhlen um Sympathien.

Bildsymbolik Wasser steht symbolisch für Gefühle und Unbewusstheit. Der König ist eins geworden mit diesem Element. Er ist als majestätischer Herrscher aus ihm hervorgegangen. *Astrologische Zuordnung:* Zeichen: Fische, Element: Wasser, Planet: Neptun.

Das Tarot-Kartendeck

Auf den folgenden vier Seiten ist das komplette Tarot-Set in Stichworten zusammengefasst. Die Stichworte dienen lediglich als Erinnerung. Lassen Sie sich zuerst von der Bildaussage der Karten inspirieren, und erfahren Sie die Symbolik intuitiv.

Die großen Arkana im Überblick

Die Symbole und Bilder der Großen Arkana deuten auf 22 wichtige Lebensstufen hin. Sie beschreiben innere und äußere Lebenserfahrungen, schwierige Aufgaben, Herausforderungen, Konflikte und Krisen, denen man sich in den verschiedenen Lebensabschnitten stellen muss und die es zu überwinden gilt.

Bei näherer Betrachtung der Großen Arkana können wir diese Abschnitte in drei große Entwicklungsbereiche einteilen, die der Mensch in seinem Leben durchläuft:

● Die ersten sieben Karten von I Der Magier bis VII Der Wagen sind den äußeren Angelegenheiten des Lebens, der persönlichen Entwicklung und den Anforderungen der Gesellschaft gewidmet.

● Im weiteren Verlauf der Kartenreihe von VIII Die Kraft bis XIV Die Mäßigkeit geht die Reise nach innen. Die Suche nach der eigentlichen Identität beginnt, der Prozess der Selbsterkenntnis findet statt.

● Der letzte Teil XV Der Teufel bis XXI Die Welt gilt der spirituellen Entwicklung mit dem Ziel, die Gegensätze der Psyche zu versöhnen, um zu der verloren gegangenen Einheit zurückzukehren.

● Die Karte 0 Der Narr kann als Joker betrachtet werden und sowohl am Anfang oder am Schluss der Kartenreihe stehen, wodurch er entweder den Beginn oder das Ende einer Entwicklung andeutet.

O Der Narr

Offenheit! Der unbekümmerte und mutige Aufbruch ins Ungewisse; der Beginn eines neuen Lebensabschnittes. Flexibilität, Unbeschwertheit, Kreativität, Unabhängigkeit, Begeisterung

I Der Magier

Aktivität! Vorhandene Möglichkeiten erkennen und sie in konkrete Taten umsetzen.
Willenskraft, Tatkraft, Selbstvertrauen, Macht, Verstand

II Die Hohepriesterin

Geduld! Vertrauen in die eigene Intuition, innere Führung und Stimme.
Innenwelt, intuitive Einsicht, Phantasie, Verständnis, Rückzug

III Die Herrscherin

Kreativität! Die Entwicklung emotionaler, geistiger und materieller Möglichkeiten.

Wachstum, Fortschritt, Veränderung, Sinnlichkeit, Lebensfreude

IV Der Herrscher

Stabilität! Die Entwicklung innerer Kraft und nötiger Entschlossenheit, um Pflichten zu übernehmen und verantwortlich zu handeln.
Autorität, Klarheit, Struktur, Reife

V Der Hohepriester

Sinnsuche! Die Entwicklung eigener Wertvorstellungen und Glaubensgrundsätze, die Suche nach einer persönlichen Lebensphilosophie.
Vertrauen, Erkenntnis, Wissen, Wertvorstellungen

VI Die Liebenden

Selbstverantwortung! Mit dem Herzen notwendige Entscheidungen treffen und dazu stehen.
Begegnung, Verbindung, Liebe, Entscheidung, Veränderung

VII Der Wagen

Mut! Sich widersprüchlichen Kräften stellen und sich mit Willenskraft und Zuversicht auf ein Ziel konzentrieren.
Entschlossenheit, Begeisterung, Willenskraft, Zuversicht

VIII Die Kraft

Leidenschaft! Sich mutig eigenen Gefühlen, Trieben, eigener Lust und Leidenschaft stellen, sie zähmen und kontrollieren.
Stärke, Engagement, Selbstsicherheit, Freude

IX Der Eremit

Innenschau! Durch Rückzug, Besonnenheit und Ruhe zu innerer Stabilität, Klarheit, Erkenntnis und Unabhängigkeit gelangen. Sich auf das Wesentliche besinnen.
Rückzug, Selbsterkenntnis, Unabhängigkeit, Reife, Weisheit

X Rad des Schicksals

Veränderung! Die Zeiten des Wandels und der Anpassung, das Auf und Ab im Leben annehmen. Ein neuer Kreislauf beginnt.
Notwendigkeit, Erfahrung, Wandel, Anpassung

XI Die Gerechtigkeit

Balance! Einsicht in die Gesetze von Ursache und Wirkung, Vergangenheit und Zukunft.
Synthese, Ausgewogenheit, Aufrichtigkeit, Objektivität, kritische Prüfung

XII Der Gehängte

Krise! Sich von bisherigen Werten und Zielen lösen, umdenken, um sich neuen Einsichten zu öffnen.
Stagnation, Opfer, Lebensumkehr, Vertrauen

XIII Tod

Abschied! Die Notwendigkeit, von unwesentlichen Dingen Abschied zu nehmen, sie loszulassen.
Ende, Loslassen, Veränderung, Neuanfang

XIV Die Mäßigkeit

Harmonie! Die Aufgabe, Gegensätze zu verbinden, das Gleichgewicht zwischen innerer und äußerer Stabilität zu erreichen.
Freude, Gelassenheit, Bewusstsein, Geduld, Verbundenheit

XV Der Teufel

Gefahr! Begegnung mit dem eigenen Schatten, den dunklen Kräften der Persönlichkeit.
Versuchung, Leidenschaft, Abhängigkeit, Machtkampf, Instinkte

XVI Der Turm

Befreiung! Das Aufbrechen aller Regeln, Strukturen, Vorstellungen, Abhängigkeiten oder Lebensweisen, die nicht dem eigenen Wesen entsprechen und somit eine Weiterentwicklung behindern.
Zerstörung, Erneuerung, Befreiung, Bewusstseinsveränderung

XVII Der Stern

Klarheit! Neue Lebenskraft, Zuversicht, Glauben und Optimismus kehren ein und verheißen Selbstvertrauen und Sinnerfülltheit.
Ruhe, Hoffnung, Licht, Zukunft, Glück

XVIII Der Mond

Unsicherheit! Begegnung und Auseinandersetzung mit Ängsten, Illusionen, den dunklen, unbekannten Bildern und Abgründen der Seele. Der Weg durch die beunruhigende, unbekannte Seite der Seele führt zu einem neuen Bewusstsein.
Angst, Grenzerfahrung, Illusion, Phantasie, Intuition, Emotionalität

XIX Die Sonne

Lebensfreude! Alle Hindernisse sind überwunden. Es ist der Durchbruch zum Licht, zur Freiheit, Klarheit, Bewusstheit, zum Leben.
Entfaltung, Schönheit, Freiheit, Zukunft, Selbsterkenntnis, Vitalität

XX Das Gericht

Erneuerung! Konfrontation mit der Vergangenheit; die Notwendigkeit, sich bestimmten Problemen zu stellen. Erfahrungen werden verarbeitet. Ein Neubeginn, neue Entwicklungen, ein neues Bewusstsein, eine neue Realität sind möglich.
Rückschau, Einsicht, Wandlung, Befreiung, Selbstentfaltung

XXI Die Welt

Vollständigkeit! Die Vereinigung der Gegensätze ist erreicht und bedeutet eine vollkommene Persönlichkeitsentfaltung. Die Harmonie zwischen innerer Erfüllung und äußerem Handeln ist erreicht.
Fülle, Reife, Ernte, Heilung, Einklang

Die Kleinen Arkana im Überblick

Die Kleinen Arkana setzen sich aus vier mal 14 Karten zusammen. Davon sind jeweils zehn die Zahlenkarten. Die 1 ist als As ausgewiesen. Im Folgenden finden Sie die 40 Zahlenkarten.

Die 16 Hofkarten, die ebenfalls zum Kleinen Arkana gehören, sind auf Seite 18 nachzuschlagen. Diese Trennung wurde vorgenommen, da bei den Hofkarten die Unterteilung nicht erstrangig nach der Viererstruktur Stäbe, Kelche, Schwerter und Münzen geht sondern nach Gruppen der Königinnen, Könige, Buben und Ritter.

Die vier Sätze und ihre Entsprechungen

Stäbe	Kelche	Schwerter	Münzen
Feuer	Wasser	Luft	Erde

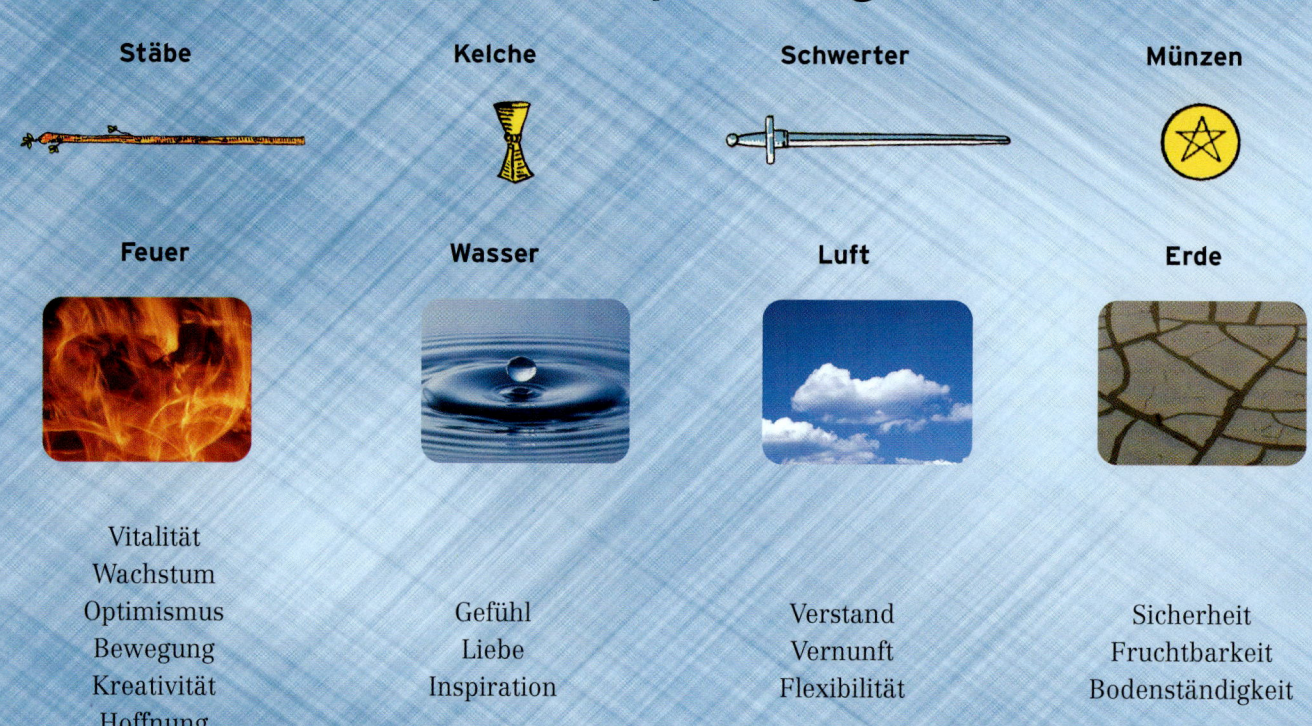

Vitalität			
Wachstum			
Optimismus	Gefühl	Verstand	Sicherheit
Bewegung	Liebe	Vernunft	Fruchtbarkeit
Kreativität	Inspiration	Flexibilität	Bodenständigkeit
Hoffnung			

< 1 (As) **Kreativität, Anfang, Impuls, Antrieb, Schöpfung, Grundlage**

Stäbe	Mut, Selbstvertrauen, Verwirklichung von Ideen
Kelche	Innere Zufriedenheit, Erfüllung, Glück und Liebe
Schwerter	Einsicht, Erkenntnis, Durchbruch und Entscheidungskraft
Münzen	Materielle und innere Stabilität, Zufriedenheit

2 **Spaltung, Gegensatz oder Ergänzung, Gleichgewicht, Harmonie**

Stäbe	Abwägen, Warteposition, Entscheidungsschwierigkeiten. Herausfinden, welche Ziele künftig verfolgt und erreicht werden wollen und sollen.
Kelche	Harmonie, Ausgewogenheit, wechselseitiges Geben und Nehmen
Schwerter	Zweifel, Lähmung, Unentschlossenheit und Passivität
Münzen	Veränderung, Flexibilität, Anpassungsbereitschaft

3   Verbindung, Sicherheit, Stabilität, Geburt, Ausgleich

Stäbe   Zuversicht, Stärke, Wachstum, positive Aussichten

Kelche   Lebensfreude, Dankbarkeit, Glück, Heilung

Schwerter   Schmerz, Auseinandersetzung als Heilungs- und Entwicklungsprozess

Münzen   Erfolg, Anerkennung, Belohnung, durch Leistung, Entfaltung

4   Stabilisierung, Materialisierung, Harmonie

Stäbe   Offenheit, Entwicklung, Anerkennung

Kelche   Unzufriedenheit, Trägheit, Zweifel

Schwerter   Rückzug, Meditation, Reflexion, innere Sammlung, Erholung, Ruhe

Münzen   Absicherung, Mangel an Beweglichkeit

5   Prüfung, Krise, Provokation, Kampf

Stäbe   Herausforderung, Wettstreit, Mut, Auseinandersetzung

Kelche   Enttäuschung, Verletzung, Schmerz, Verlust, Trennungsprozess, Trauer

Schwerter   Machtkampf, Widerstand, Konfrontation

Münzen   Einschränkung, Verlust, Unsicherheit

6   Fruchtbarkeit, Erfolg, Harmonie

Stäbe   Erfolg, Anerkennung, Selbstvertrauen, Souveränität, Befriedigung

Kelche   Rückschau, Vergangenheitsbewältigung, Sentimentalität

Schwerter   Aufbruch, Veränderung, Neuorientierung

Münzen   Güte, Nächstenliebe, Belohnung, Toleranz, Ausgleich

7   Konfrontation, Ungewissheit, Gefahr

Stäbe   Verteidigung, Konfliktbereitschaft, Mut, Herausforderung

Kelche   Selbsttäuschung, Verführung, Verträumtheit, Imagination

Schwerter   Unklarheiten, Unaufrichtigkeit, Taktik, Raffinesse, sich auf den Weg machen

Münzen   Geduld, Beständigkeit, Entwicklung, Fortschritt

8   Veränderung, Neubeginn, Wandel, Entwicklung

Stäbe   Energie, Veränderung, Bewegung, Impuls, Fortschritt

Kelche   Abschied, Verlust, Ungewissheit, Suche

Schwerter   Einschränkung, Hilflosigkeit

Münzen   Anstrengung und dauerhafter Erfolg, Erfahrungen sammeln

9   Konzentration, Rückzug, Kraft

Stäbe   Abwehr, Herausforderung, Verteidigung

Kelche   Freude, Glück, Sinnlichkeit, Wohlbefinden, Genuss, Erfüllung

Schwerter   Niedergeschlagenheit, Zukunftsangst, Sorgen

Münzen   Gewinn, Fülle, Ansehen, Glück, Zufriedenheit, Wohlstand, Sinnlichkeit

10   Erfüllung, Neuanfang

Stäbe   Belastung, Schwierigkeiten, Erschöpfung, Sorgen

Kelche   Zufriedenheit, Glück, Freude, Harmonie

Schwerter   Abschluss, Enttäuschung, Desillusionierung

Münzen   Erfüllung, Beständigkeit, Wohlstand, Glück

Die wichtigsten Begriffe

Arkana — Lat. Arcanum bedeutet Geheimnis oder geheimes Wissen. Es kommt zum Ausdruck durch die 22 Karten der Großen Arkana sowie durch die 56 Karten der Kleinen Arkana.

As — Die erste Karte einer Farbserie, d.h. der Stäbe, Schwerter, Münzen oder Kelche. Sie entspricht der Zahl 1.

Deck — Auch Kartendeck genannt; Bezeichnung für das gesamte Kartenspiel mit 78 Karten = 22 Karten der Großen Arkana und 56 Karten der Kleinen Arkana

Vier Sätze — Die Farbserien der Kleinen Arkana: Stäbe, Schwerter, Münzen und Kelche

Divination — Weissagung

Elemente — Traditionell wird das Symbol der Stäbe dem Element Feuer, die Schwerter dem Element Luft, die Münzen dem Element Erde und die Kelche dem Element Wasser zugeordnet.

Farbserie — Die Karten der Kleinen Arkana, die in vier Farbserien aufgeteilt sind: Jede Serie besteht aus jeweils 14 Karten mit den Symbolen der Stäbe, Schwerter, Münzen oder Kelche

Große Arkana — 22 Karten aus dem kompletten Kartenspiel von 78 Karten: von 0 Der Narr – XXI Die Welt. Sie sind im Gegensatz zu den Karten der Kleinen Arkana daran zu erkennen, dass sie mit Zahl und Namen durchnummeriert und bezeichnet sind.

Hofkarten — Königin, König, Ritter und Bube sind die vier Karten, die neben den zehn Zahlenkarten der Kleinen Arkana zu einer Farbserie gehören.

Kartendeck — Auch Deck genannt

Kelch — Symbol, das dem Element Wasser zugeordnet wird.

Keltisches Kreuz — Bekanntes Legesystem

Kleine Arkana — 56 Karten aus dem kompletten Kartenspiel von 78 Karten, die in vier Farbserien aufgeteilt sind: Stäbe, Schwerter, Münzen und Kelche. Jede Serie teilt sich in zehn Zahlenkarten (As = 1 bis 10) und vier Hofkarten: König, Königin, Ritter und Bube.

Münzen — Symbol, das dem Element Erde zugeordnet wird.

Pentakel — Auch Münzen genannt

Quintessenz — Ergibt sich aus der Quersumme eines Legesystems.

Rider-Waite-Tarot — Bekanntes Kartendeck, benannt nach dem Autor »Arthur Edward Waite« und dem Verleger »Rider«. Erschienen ist es 1910.

Schwert — Symbol, das dem Element Luft zugeordnet wird.

Stab — Symbol, das dem Element Feuer zugeordnet wird.

Trumpfkarten — Bezeichnung für die 22 Karten der Großen Arkana

Zahlenkarten — Alle zehn Karten einer Farbserie (Stäbe, Münzen, Schwerter oder Kelche). Sie sind von 1 bis 10 durchnummeriert. As wird als 1 gezählt.

Persönliches Tarot-Tagebuch

Wenn Sie an Tarot Gefallen gefunden haben, sollten Sie es sich zur Gewohnheit machen, ein Tarot-Tagebuch zu führen, in dem Sie mit Angabe der Themafrage und des Datums die Ergebnisse Ihrer Kartenlegungen festhalten.

Entwicklungen beobachten

Sie können Ihr Tarot-Tagebuch so detailliert führen, dass Sie genau wissen, wann Sie mit welchem Legesystem welche Erkenntnis erzielt haben und das wiederum in Beziehung zu Ihren aktuellen Lebensumständen setzen. Nach einer gewissen Zeit werden Sie feststellen, welche Einsichten Sie durch die Arbeit mit dem Tarot-Tagebuch gewonnen haben.

Tages-, Monats-, oder Jahreskarte

Sie können sich aber auch lediglich auf die Tages-, Monats- oder Jahreskarte konzentrieren. Wesentlich bei Ihren Notizen sind immer die Gedanken und Erkenntnisse, die Ihnen bei der Deutung der Karten gekommen sind.

Der Nutzen, den Sie daraus ziehen, ist ein doppelter: Zum einen können Sie rückwirkend die tatsächlich eingetretenen Ereignisse mit Ihrer vorherigen Deutung vergleichen und ersehen, ob Sie richtig oder falsch lagen und ob Sie eher zum »Schönfärben« oder zum »Schwarzmalen« neigen. Zum anderen können Sie Ihre persönliche Entwicklung überprüfen.

Impressum

Die Autorin

Anna Haebler hat sich in über 20 Jahren ein großes Wissen zu den Themen Astrologie und Tarot erarbeitet. Ihre Publikationen zeugen von großer Sachkompetenz und jahrelanger Erfahrung aus ihrer Arbeit mit Menschen. Einige ihrer Bücher sind bereits Bestseller und in mehrere Sprachen übersetzt.

Literatur

Hajo Banzhaf: *Das Arbeitsbuch zum Tarot,* Diederichs Verlag, München 1988

Hajo Banzhaf, Anna Haebler: *Schlüsselworte zur Astrologie,* Hugendubel Verlag, München 1994

Hajo Banzhaf, Elsa Hemmerlein: *Tarot als Wegbereiter,* Hugendubel Verlag, München 1993

Alfred Douglas: *Ursprung und Praxis des Tarot,* Diederichs Gelbe Reihe, Verlag Eugen Diederichs GmbH & Co. KG, Köln, deutsche Erstausgabe 1986

Liz Greene, Juliet Sharman-Burke: *Delphisches Tarot,* Hugendubel Verlag, München 1986

Rachel Pollack: *Tarot, 78 Stufen der Weisheit,* Droemersche Verlagsanstalt Th. Knaur, München 1985

Bildnachweis

AKG, Berlin: 4, 5; Bildarchiv Steffens: 6 (Bridgeman Art Library); Zefa, Düsseldorf: U1 (Fritz, Guntmar), 13/Feuer (Allofs), 13/Wasser (Marché), 13/Luft (Masterfile), 13/Erde (Mathis)

Hinweis

Impressum

Der W. Ludwig Verlag ist ein Unternehmen der Econ Ullstein List Verlag GmbH & Co. KG, München

© 2002 Econ Ullstein List GmbH & Co. KG, München
Alle Rechte vorbehalten.

Nachdruck – auch auszugsweise – nur mit Genehmigung des Verlags.

Redaktion und Projektleitung Karin Stuhldreier
Produktion Manfred Metzger, Annette Aatz, Monika Köhler
Bildredaktion Tanja Nerger
Umschlag Jan-Dirk Hansen
Layout, DTP/Satz und Grafik Jan-Dirk Hansen

Printed in Slovakia
Gedruckt auf chlor- und säurearmem Papier

ISBN 3-7787-3986-7